In Wanderkluft und Uniform

Jugendbewegung in Sachsen

Dresdner Hefte
26. Jahrgang, Heft 90, 2/2007

Herausgegeben vom
Dresdner Geschichtsverein e.V.

Gesamtredaktion
Hans-Peter Lühr

Inhalt

Vorbemerkung

Hans Nadler bekam leuchtende Augen, als er vor Jahren einmal davon erzählte: »Wissen Sie, als wir damals mit dem Wandervogel in Sachsen unterwegs waren…« Der hoch betagte Denkmalpfleger, Jahrgang 1910, verwies ganz nachdrücklich auf seine Prägung durch die deutsche Jugendbewegung und war gelinde erstaunt über meine schwache Kenntnis davon. »Machen Sie mal ein Heft darüber«. Nun liegt es also vor, aber es wird wenige geben, die noch aus eigener Anschauung sagen können: so war es. Das Phänomen eines jugendlichen Aufbruchs aus den Zwängen wilhelminischer Etikette und ihrer Rohrstockpädagogik ist, als Teil der deutschen Reformbewegung, die um 1900 entstand, längst ein viel beschriebenes Thema der Kulturgeschichte. Ein Aufbruch voller Hoffnung und Begeisterung und natürlich auch voller Naivität.

Er begann in Steglitz. In dem Berliner Vorort gründete sich 1896 die erste Wandergruppe um Hermann Hoffmann, aus der 1901 der Wandervogel hervorging. Schnell verbreitete sich die Bewegung über ganz Deutschland und fand »erwachsene« Unterstützung z. B. in der zeitgleich entstehenden Reformpädagogik. In einer zweiten Phase nach dem Ersten Weltkrieg entwickelten sich die Bündische Jugend und religiöse wie parteigebundene Jugendvereine vielerlei Couleur. Der zunächst unpolitische Gründungsimpuls der Jugendbewegung verwandelte sich durch den Krieg und die Radikalisierungen des Zeitenumbruchs von 1918 in der Weimarer Republik immer öfter in ideologisch aufgeladene Programme und wurde instrumentalisiert bis hin zur militanten Gleichschaltung in der Hitlerjugend. Nur noch Versatzstücke von dem, was einmal Jugendbewegung im Wortsinn eines freien guten Lebens sein wollte, waren 1933 übrig geblieben.

Diesen Gang der Dinge zeichnet das vorliegende Heft im Regionalen nach; wie der Wandervogel in Sachsen heimisch wurde, welche Reglementierung die Dresdener Jugend im Ersten Weltkrieg erlebte, wie dann in der bündischen Jugend schon in den zwanziger Jahren ein erschreckender Nationalismus Fuß fassen konnte. Aber auch das linke Spektrum differenzierte sich und proletarisch war nicht gleich sozialistisch. Und wie viele Hoffnungen lebten bis zuletzt in den jüdischen Jugendvereinen. Erstmals wird an dieser Stelle über die städtischen Programme von HJ und BDM berichtet. Gerade wegen der braunen Manipulationen wirft dieses Heft noch einen Blick auf die unmittelbare Nachkriegszeit, wo – nunmehr im Zeichen des Stalinismus – eine erneute ideologische Indienstnahme passierte und die FDJ nicht nur ihre bürgerlichen Kontrahenten ausschaltete, sondern bis 1953 mit unglaublicher Schärfe gegen die Junge Gemeinde vorging. Die Geschichte der Dresdner Jugendbewegung blieb im 20. Jahrhundert immer eingespannt zwischen Emanzipation und Missbrauch. Hans-Peter Lühr

4

Justus H. Ulbricht

Aufbruch an Elbe und Saale

Anfänge sächsischer Jugendbewegung

»Ich denke noch manchmal an die Zeit vor 1914, als wir wie Götter leben durften.«
Erich Matthes (1888–1970), Wandervogel aus Chemnitz, Verleger der Jugendbewegung

»Nur wer Kultur erlebt hat, kann zur Kulturkritik kommen.«
Wilhelm Flitner (1889–1990), Jenaer Sera-Kreis, Pädagoge

Jugend – verehrt, verheizt und verweht
Wer heute auf die vorletzte Jahrhundertwende zurückschaut und sich über den Zusammenhang von Jugendkult,[1] Kulturkritik[2] und Jugendbewegung[3] Gedanken macht, erinnert sich eventuell nicht allein an die eigene Jugend oder versichert sich persönlicher Einschätzungen von Jugend und Jugendlichkeit, sondern weiß außerdem, dass seit Beginn des 20. Jahrhunderts Hekatomben von jungen Männern auf den Schlachtfeldern Europas und der ganzen Welt verblutet sind (und leider weiter verbluten) – für welche politischen Ziele und Ideale auch immer. Dieses skeptische historische Bewusstsein wird uns vermutlich gegen die Renaissance eines speziellen Jugendkultes immunisieren, der im »Tod fürs Vaterland« (die Partei, die Klasse, die Rasse …) das notwendige, gar »heilige Opfer« junger Männer sah, aus dem eine neue Gesellschaft erblühen sollte – eine »Sinngebung des Sinnlosen« (Theodor Lessing)[4], die zu ihrer jeweiligen Zeit durchaus kollektiven Sinn stiftete und sich politisch nutzen ließ.[5]

Wir selbst leben inzwischen in einer Gesellschaft, die Jugendlichkeit als Wert derart verabsolutiert hat, dass – etwa im kollektiven Bildgedächtnis der Werbung – ältere Menschen zu jungdynamischen Erwachsenen stilisiert werden, die immer aktiv und attraktiv bleiben, eines jedoch nicht dürfen: in Ehren und Ruhe alt werden. »Anti-Aging«-Cremes sind ein Renner in der Kosmetikbranche. Auch diese Form des Jugendkultes ist ein Erbteil bereits der »klassischen Moderne«[6], genauer der Zwanziger Jahre, die erstmals den Typ des ewig Jungen (»for ever young«) erfanden, dem erwachsen zu werden kein Ziel war und der sich – gerade in Kreisen der Jugendbewegung – des Spotts der wirklich Jungen sicher sein konnte.

Hinter all den Bildern von Jugend und Jugendlichkeit, den kulturellen und politischen Projektionen auf die jeweils jüngeren Generationen der Gesellschaft, verschwinden oft nicht allein deren wirkliches Leben, deren eigene Sehnsüchte, Probleme und

Schwierigkeiten, sondern auch das allgemeine Bewusstsein davon, dass es »Jugend« als Eigenwert, als Lebensphase und als uneingeschränkt positiven Begriff erst seit gut hundertzwanzig Jahren gibt.[7] Ebenso alt sind das kulturelle Bewusstsein und die entsprechende politisch-gesellschaftliche Praxis, diese Jugend zu schützen, zu erziehen, zu kontrollieren und zu nutzen für die Belange der Gesamtgesellschaft.[8] In Distanz, Ablehnung, Widerspruch oder Anpassung an die Zumutungen zumeist Erwachsener haben die jeweils jungen Generationen versucht, ein autonomes Jugendleben zu entwickeln und individuelle Selbstbilder[9] der eigenen Altersstufe zu entwerfen – nichts weist darauf hin, dass dieser Prozess an ein Ende gekommen ist.[10] Der »Mythos Jugend« wird wohl auch weiterhin »Leitbild und Krisensymptom« zugleich sein.[11]

Als sich zu Beginn des 20. Jahrhunderts am Steglitzer Gymnasium bei Berlin Schülergruppen zusammenfanden und mit einzelnen Lehrern begannen, längere Ausflugs- und Wanderfahrten zu unternehmen,[12] entstand in Deutschland ein weltweit einmaliges Phänomen: die deutsche Jugendbewegung, die inzwischen breit erforscht, wenn auch nicht in jedem Aspekt ihrer kulturellen Praxis vollkommen begriffen ist. Obwohl zahlenmäßig äußerst gering – Ende der 1920er Jahre standen allenfalls 60000 bündischen Jugendlichen weit über eine Million Mitglieder der Turner, der Parteijugendverbände und einzelner paramilitärischer Jugendorganisationen gegenüber –, haben die Angehörigen der bürgerlichen Jugendbewegung nicht allein das Selbstbild, sondern auch die Kultur der deutschen Gesellschaft im 20. Jahrhundert maßgeblich geprägt, gingen sie doch bevorzugt in pädagogische, seelsorgerische, wissenschaftliche und journalistische Berufsfelder, wurden also oftmals gesellschaftliche Multiplikatoren und erlangten somit eine soziale und politische Bedeutung, die sich allein aus ihrer Zahl nicht erklären ließe.

Nach 1945 fanden sich in Westdeutschland die Älteren und die Überlebenden erneut zusammen[13] und dominierten über mehrere Jahrzehnte auch die wissenschaftliche Sicht auf das Phänomen Jugendbewegung. Sentimentale Rückerinnerungen an die eigene Jugendzeit, Trauer um die verstorbenen oder in zwei Weltkriegen gefallenen Freunde, Formen romantischer Kulturkritik und der Wille zur Selbststilisierung formten bei den ehemaligen Angehörigen des Wandervogels und der Bündischen Jugend[14] ein Bild ihrer Bewegung als Ausbruch aus alten Zwängen, als Kampf gegen Schule und Elternhaus, als Rebellion und Revolte, ja als Ausstieg aus der modernen Industriegesellschaft. Inzwischen ist die aktuelle Forschung in ihrem Urteil präziser, nüchterner und erkennt die Aporien und Innovationen der sozialen Formation Jugendbewegung und deren Protagonisten klarer als diese selbst. Danach ist der Auszug aus »grauer Städte Mauern«[15] Teil der bildungsbürgerlichen Reformbewegungen um 1900[16] und nicht denkbar ohne die Unterstützung, Förderung und Anleitung vieler Älterer (nicht zuletzt zahlreicher Lehrer, Pfarrer und Eltern). Man weiß heute, dass die junge Generation am Beginn des »Zeitalters der Extreme« trotz mancher Romantizismen in Sprache, Kleidung und Habitus sehr modern, zukunftsgewiss und tatkräftig war[17] – also nicht nur kulturpessimistisch und regressiv auf die Probleme ihrer Gesellschaft antwortete.

Dass moderne Jugendliche ihr Moratorium zwischen Kindheit und Berufsleben, die Freiräume zwischen Schule und Elternhaus kreativ und selbständig nutzten, dass Angehörige beider Geschlechter ihre Rebellion oftmals in fortschrittlichen Elternhäusern lernten[18] (was Konflikte zwischen den Generationen nicht ausschloss) und dann gemeinsam aufbrachen in die »neue Zeit« – all dies klingt uns heute so selbstverständlich, dass wir verkennen, wie ungewohnt, unüblich, manchmal störend und gar verstörend dieses neue Jugendleben einst für die Gesellschaft im Wilhelminismus, speziell die ältere Generation, aber auch die Jugendlichen selbst, gewesen ist.

Anfänge im »Sachsengau«

Es gehört zum oft belächelten Selbstbild der Bewohner jener Region, die wir Sachsen nennen, sich für innerlich besonders regsam, beweglich, aufgeweckt und »geistigen und kulturellen Strömungen besonders zugänglich«[19] zu halten – was man im landsmännischen Jargon wohl »vigilant« (sprich: fischelant) nennen dürfte. »Es war nicht zu verwundern, daß die beweglichen, betriebsamen und reisefrohen Sachsen sehr bald vom Wandervogel ergriffen wurden und in ihm eine beachtliche Rolle spielten« – betont der aus Mittweida stammende Wandervogel (und spätere Lehrer) Rudolf Kneip in sämtlichen seiner Veröffentlichungen.

Daran ist soviel richtig, dass sehr bald nach Gründung des »Wandervogel, Ausschuß für Schülerfahrten« im Steglitzer Ratskeller (4. November 1901), der 1904 als »Steglitzer Wandervogel e. V.« wiederbegründet worden war, erste Impulse dieser neuen Jugendgruppierungen nach Sachsen ausstrahlten. Im Frühjahr 1906 etwa wurden auf Anregung des »e.V.« die »Dresdner Schülerreisen« begründet. Der »Gau Obersachsen« existierte im Alt-Wandervogel (AWV) bereits seit November 1904.

Doch eine andere, wichtigere Wurzel sächsischer Gruppen in der Jugendbewegung liegt in Sachsen selbst. In Chemnitz existierte seit dem 29. Juni 1906 eine Ortsgruppe der »Germania. Abstinentenbund an deutschen Schulen«. Diese Organisation, die auf den Zusammenschluss der im Herbst 1901 in Nürnberg begründeten Schüler-Abstinentengruppe »Franconia« mit Schülern des Landerziehungsheimes Haubinda in Thüringen zurückgeht, hatte sich ab 1902 in ganz Deutschland verbreitet. Unterstützt wurde das abstinente Engagement junger Menschen durch erwachsene Angehörige der gut organisierten Abstinenten-Bewegung, die Teil der bildungsbürgerlichen Reformbewegungen gewesen ist. Vereinsrechtliche Beschränkungen führten zwar immer wieder zum Verbot von Germania-Gruppen, doch war diese Initiative letzten Endes nicht aufzuhalten.

Die Chemnitzer Gymnasiasten Karl Oschatz, Wilhelm Thost, Fritz Ihlenfeld, Erich Reiher, Justus Wacker, Roland Ficker, Georg Reiche, Arthur Epperlein, Fritz Költzsch und weitere Mitschüler[20] gründeten – inspiriert durch die Einweihung eines Bismarck-Turmes in Borna – die Germania-Gruppe »Unentwegt«, die bereits im Herbst 1906 offiziell zu einer Ortsgruppe des Alt-Wandervogels wurde. Getreu der Überzeugung »Wer sich an der Größe und Schönheit der Natur und der Kunst in ihren vielfältigen Formen berauschen kann, der braucht keinen Alkohol«[21] wanderten die enthusiastischen Gymnasiasten durch Sachsen und Thüringen oder die böhmischen Länder. Das Eingebundensein in den

Titelbild der Zeitschrift
des sächsischen Wandervogels

Alt-Wandervogel brachte weitere Kontakte zu jungen Leuten aus ganz Deutschland. Neben dem Wandern standen das gemeinsame Musizieren – und ständige Diskussionen: »Es gab damals eigentlich keine Frage, mit der wir uns nicht beschäftigt hätten: Rassenhygiene, Juden- und soziale Frage bewegten uns ebenso wie die Literatur oder Bevölkerungspolitik, Volkskunde etc.« – so erinnerte sich später der Verleger Erich Matthes, der freilich früh ein dezidiert völkisch eingestellter Wandervogel gewesen ist.[22]

Es war dann der neben der Abstinenz- und der »Judenfrage«[23] wichtigste Diskussions- und Streitpunkt jugendbewegten Lebens vor dem Ersten Weltkrieg – die »Mädchenfrage«[24] –, der zu weiteren Spaltungen und zukunftsweisenden Gruppengründungen auch und gerade in Sachsen und seiner unmittelbaren Nachbarschaft führte. Im Januar

1907 tagte die Bundeshauptversammlung des Alt-Wandervogels in Berlin. Ferdinand Vetter, im Jahre 1877 in Dresden geboren und seit 1905 Lehrer an einer Höheren Mädchenschule in Jena, forderte ein Alkoholverbot auf allen Fahrten und die Einführung des Mädchenwanderns. Nachdem dieser Antrag fast einstimmig abgelehnt worden war, trat die Ortsgruppe Jena aus dem AWV geschlossen aus und gründete bereits im Januar den »Wandervogel, Deutscher Bund für Jugendwanderungen« (DB), dessen erster Bundestag Anfang April 1907 in Jena stattfand. Bereits im Sommersemester 1906 hatte der ehemalige Chemnitzer Gymnasiast Fritz Ihlenfeld Vetter in Jena kennengelernt, er trug den »Spaltpilz« (ein bewegungseigener Ausdruck) zurück in den Chemnitzer AWV – die gesamte Ortsgruppe trat dem DB bei, aus den »Unentwegten« der alten »Germania« wurde nun eine erste Führer-Generation.[25] Der Leiter der Inneren Mission des Kreises Chemnitz, Pastor Dr. Peißel, unterstützte die Gruppe ebenso wie eine Reihe weiterer angesehener Bürger, die den unumgänglichen »Eufrat« (Eltern- und Freundesrat) stellten.[26] Obwohl selbst eher kirchenfern (»Sonntags gingen wir ja statt in die Kirche auf Fahrt«, Erich Matthes), durften die Wandervögel ihr »Nest«, also ihr Gruppenheim, im Haus des Vereins christlicher junger Männer einrichten. Diese von Matthes überlieferte Episode[27] zeigt am Chemnitzer Beispiel, dass Jugendbewegung nur möglich war durch die Duldung und Unterstützung wohlwollender Erwachsener. Blieb diese aber aus – und auch dafür ließ sich manche Überlieferung finden –, geriet das neue »Jugendreich« schnell in Gefahr.

Die beiden Chemnitzer Ihlenfeld und Bahner brachten die Ideen des DB nach Tübingen, dort fanden sie ein offenes Ohr beim Leipziger Rudolf Götze, der in der Universitätsstadt am Neckar gerade seinen Militärdienst ableistete. Als dieser 1910 zum Studium in seine Heimatstadt zurückkehrte, wurde er dort Nachfolger von Walter Fischer als Führer des AWV. Beider und zahlreicher Gruppenmitglieder Sympathien führten zu einer sächsischen Sonderentwicklung, die letztlich der gesamten Jugendbewegung zugute kam. AWVler und DBler gingen sich nicht etwa – wie vielfach andernorts – aus dem Weg, sondern das Leben beider Bünde entfaltete sich in enger Kooperation und Nachbarschaft. Walther Illgen (AWV) und der später berühmte Hans Breuer (DB, 1883 geboren in Gröbers bei Halle, Gymnasiast in Steglitz),[28] der Schöpfer des »Zupfgeigenhansl«, wurden die Protagonisten der sächsischen Einigungsbestrebungen.

Als Medizinstudent in Heidelberg lernte Breuer den Naturwissenschaftler Hans Lißner kennen. Dieser, geboren 1886 in Zwickau, hatte 1907 den DB mit aus der Taufe gehoben. Beide, Breuer und Lißner, gründeten die »Heidelberger Pachantey«, die mit ihrer musikalischen Praxis das Leben zahlreicher Wandervogel-Gruppen bereicherte – im Frühjahr 1908 erschien die Liedersammlung »Zupfgeigenhansl« zum ersten Mal und war seitdem aus den Rucksäcken der Wandervögel nicht mehr wegzudenken. Lißners Einfluss wuchs weiter dadurch, dass er zwischen 1910 und 1912 Schriftleiter der Zeitschrift »Wandervogel. Monatsschrift für deutsches Jugendwandern« wurde, die damals in Leipzig erschien.

Die Industrie-, Handels- und Messestadt war um 1910 unbestritten das Zentrum der Wandervogel-Bewegung in Sachsen, zumal dort zahlreiche Studenten dem AWV und

Landheim des Wandervogels Dresden (Ort unbekann)

dem DB angehörten. Auf Anregung der »Leipziger« berief man zu Pfingsten 1910 einen »Allgemeinen Kundenkonvent« auf die Sachsenburg an der Unstrut ein. Etwa 500 Wandervögel (darunter ca. 100 Führer) aus ganz Deutschland kamen zusammen und wählten einen siebenköpfigen Ausschuss, der die weitere Einigung der Bünde vorantreiben sollte. Bereits im August desselben Jahres verschmolzen AWV und DB im »Sachsengau«, ab November erschien die Zeitschrift »Wandervogel. Gaublatt für Sachsen«, die ab 1916 dann »Sachsenspiegel« hieß. Rituell besiegelt wurde die Fusion gleich dreimal: Auf dem Harthaer Konvent (August 1910) verspeisten die Gau- bzw. Kreisleiter (Walter Fischer, Erich Matthes) die in Kuchenteig gebackenen Buchstaben AWV und DB; abends warf man die zusammengebundenen Banner, das grünrotgoldene des AWV und die blaugoldene Greifenfahne des DB, in die Flammen des Feuers. Ein Jahr darauf verbrannten Chemnitzer und Leipziger Wandervögel auf dem böhmischen Spitzberg eine Puppe mit Zöpfen (DB) und einen Strohmann (AWV). Der Ausschluss der Sachsen aus dem AWV und dem Steglitzer e. V. war das Ergebnis. – Im Januar 1911 schließlich gründete sich in Leipzig der »Verband deutscher Wandervögel«,[29] aus dem dann zwei Jahre später der ersehnte Einigungsbund, der »Wandervogel e.V.«, entstand. – In Dresden hatten sich die Gruppen aus AWV und DB bereits im Frühjahr 1912 vereinigt.[30]

Zeit der »Götter« – Leben der Vorkriegs-Jugend(bewegung) in Sachsen

Durchmustert man die ersten Jahrgänge der Zeitschrift »Wandervogel« sowie des »Gaublatts Sachsen«, so ist man verwundert, wie schnell die Wandervogel-Bewegung in der Region wuchs und welche vielfältigen Aktivitäten man entfaltete.[31] Die Zahl der Ortsgruppen nahm kontinuierlich zu, neben Jungen- traten vermehrt auch Mädchengruppen, vor allem in den größeren Städten. »Von Mädel-Pfingstfahrten« erzählte begeistert ein »Dresdner Mädel« im Gaublatt.[32] Jede Ortsgruppe versuchte möglichst schnell, ein eigenes »Nest« zu beziehen und in einem zweiten Schritt ein »Landheim« zu erwerben. Tipps dazu vermittelte der Leipziger AWV-Führer Walter Fischer mit seinem Aufsatz »Von alten und neuen Landheimen«.[33] Andere schwärmten von »Unser[em] Turm«[34], den ein »Wandervogelvater« beschert habe und ein »Hausgeist« machte Vorschläge zur Ausschmückung der neuen »Nester«[35] mit preiswerten Kunstdrucken sowie gebrauchtem Hausrat und Möbeln. Die Leipziger berichteten vom launigen »Leben und Treiben in Landheimen« – ihres lag in Schwannewitz bei Leipzig.[36]

Voller Freude konnten auch die Dresdner Wandervögel alsbald vom Erwerb eines Stadt-»Nestes« berichten – allerdings verschwieg man zuerst dessen Adresse, wollte man es doch erst einmal »schön vorrichten«.[37] Am 8. Dezember 1912 aber lud man endlich die Eltern ein, um die aufgeräumte und eingerichtete Neuerwerbung in der Rähnitzgasse zu feiern;[38] die Geschichte des »Nestes« wurde dann im nächsten Jahr – man schaute auf das 100. Jubiläum der Völkerschlacht bei Leipzig zurück – erzählt.[39]

Eine sächsische Besonderheit fällt ins Auge, wenn man die regelmäßigen Berichte aus den Ortsgruppen studiert. Schüler und Lehrer an den Seminaren Sachsens bildeten stärker als in anderen »Gauen« das organisatorische Rückgrat der Bewegung. Das hatte zunächst vereinsrechtliche Gründe – Schülerorganisationen konnten sich an Lehrerseminaren eher bilden als an den Oberstufen der Gymnasien und Realgymnasien. Zudem aber war es ganz selbstverständlich, dass, wer nach der eigenen Ausbildung den Lehrerberuf ergreifen wollte, sein Wandervogel-Leben einfach mitnahm: »Als sie einsam ihr Lehramt begannen, da gab es für die Besten von ihnen nur den einen Weg: als Wandervögel weiterzuleben.«[40] Für diese Älteren wurde ab 1913 mit der »Landsgemeinde im Sachsenland«[41] eine eigener Zusammenschluss geschaffen, der dann nach dem Weltkrieg im »Kronacher Bund« in anderer Weise und quantitativ bedeutend umfangreicher in ganz Deutschland weitergeführt wurde. Die Idee, die älteren Wandervögel, die nun im Berufsleben standen, in eigenen Gruppen zusammenzufassen, hatte auch den Hintergrund, dass in der Bewegung selbst die Jüngeren begannen, sich von den Älteren zu emanzipieren. Man könnte sagen, dass es im frühen Wandervogel vor 1914 einen Generationskonflikt gab und dass viele das Motto »Jugend soll von Jugend geführt werden« ernster nahmen als zu Beginn.

Während zahlreiche Beiträge in den Bewegungszeitschriften eher programmatischen Charakter hatten, wird man den meisten Erlebnisberichten größere Authentizität zubilligen müssen, auch wenn klar ist, dass in der Regel die älteren Führer zu Wort kommen – die Jungen selbst blieben mit wenigen Ausnahmen in den gedruckten Quellen stumm. Allein eine systematische Auswertung der im Archiv der deutschen Jugendbewegung aufbewahrten »Nestbücher« sowie zahlreicher autobiographischer Zeugnisse alter Wandervögel könnte ein einigermaßen treffendes Bild der kulturellen Praxis der frühen Jugendbewegung zeichnen.

Dazu zählten von Anfang an auch Fahrten in die benachbarten Gaue und ins nahe Ausland, gehörte doch eine Böhmerwald-Fahrt seit dem legendären ersten Mal 1899 unverzichtbar zum Programm nahezu jeder Wandervogelgruppe. Die mitunter seitenlangen Ankündigungen für Tages- und Wochenfahrten, von denen die längsten natürlich in den Sommerferien stattfanden, bezeugen den Erlebnishunger und die Natursehnsucht des Wandervogels, den man – in mehrfacher Hinsicht zutreffend – als »freiraumorientierte« Bewegung bezeichnet hat.[42] Kaum eine Landschaft Deutschlands blieb dabei unbereist und -berührt – die oben geschilderten engen persönlichen Kontakte in die unmittelbare Nachbarschaft sorgten dafür, dass sächsische Wandervögel des Öfteren gerade nach Thüringen kamen.[43] Dies unterstützte die gruppeneigene Selbstwahrnehmung, einem einheitlichen Wandervogel in »Mitteldeutschland« anzugehören, trotz der zahlreichen Gruppenspaltungen und -rivalitäten in der Bewegung selbst sowie der damals existierenden politischen Grenzen in der Region zwischen Unstrut, Saale, Ilm und Elbe. Diese Fahrten sollten den Kontakt zwischen bereits existierenden Gruppen befördern, somit den Korpsgeist stärken, aber nicht zuletzt auch für die eigene Sache Reklame machen: »Drum werbet wacker unter den Kameraden die würdigen. Nehmet sie mit auf Eure Sonntagsfahrten. Den Erzählungen Eurer Fahrten und Euern Liedern werden sie staunend zuhorchen. Wer wollte dann nicht mittun? In vielen Städten unseres Sachsenlandes ist der W. V. herzlich wenig bekannt. Manch brauchbare O. Gr. kann gegründet werden. Wer hilft in Bautzen, Borna, Glauchau, Oschatz, Schneeberg, Werdau usw.?«[44]

Die Werbung um Anhänger richtete sich jedoch nicht nur an die potentiellen jugendlichen Nachwuchs der Gruppen, sondern auch an die Eltern und Verwandten der Wandervögel, die man als Sympathisanten und Förderer gewinnen bzw. bei der Stange halten wollte. Aus Dresden berichtete der dortige Leiter Fritz Busch (Weintraubenstraße 14) von einem sogenannten »Tantenausflug: Wir hatten unsere Eltern und Bekannten zu einer Familienfahrt in den Poisenwald eingeladen. Das herrliche Wetter hatte über 180 Gäste hinausgelockt, die wahre Berge von Kuchen mitbrachten. Im Handumdrehen waren 110 l. Kakao vertilgt. Auf einer Wiese wurden nun Reiterkämpfe und ein Sängerwettstreit ausgefochten. Dann hielt ein Eufrat eine Rede über die segensreiche Einrichtung des Eltern- und Freundesrates, daraufhin traten 12 Herren dem Eufrat bei.«[45] Johannes Illgen, der Leiter der Leipziger Gruppen, berichtete von einer »Wandervogel-Ausstellung, um deren Besuch wir alle Eltern und Lehrer bitten«[46] und die vom 1. bis 7. Juli 1912 im »Nest« der Leipziger zu besichtigen war.

Derartige Initiativen waren im Alltag der Gruppen durchaus möglich und schufen Transparenz für Eltern und Förderer – dies war besonders nötig in denjenigen Ortsgruppen, in denen Jungen und Mädchen gemeinsam wanderten. Der Wille zur Kontrolle junger Menschen, deren erotisches Begehren und deren Sexualität gerade erwachten, durch die Erwachsenen war die eine Seite; die andere die bei den Jugendlichen selbst existierende Unsicherheit im Umgang mit dem anderen Geschlecht, der nun freier und ungezwungener möglich war als vordem. So gehört es zur Geschichte der Jugendbewegung, dass die jüngere, besser gebildete Generation in ihr einen neuen sozialen Raum (er)fand, andere Verhaltensweisen und Geschlechtererwartungen zu entwickeln, zu diskutieren und auszuleben – zwischen neuer Freiheit und »Geschlechtsnot«[47] aber war manchmal ein kurzer Weg.

Mit dem Jahr 1913 lässt der frühe Chronist der sächsischen Jugendbewegung, Rudolf Kneip, die »Zeit der inneren Vertiefung«[48] beginnen. In der Aufzählung der von ihm mit dem Begriff »Vertiefung« assoziierten kulturellen Praktiken fällt auch das Stichwort »Lebensreform«. Doch ist die Nähe zwischen Wandervogel-Bewegung und bürgerlicher Lebensreform auch schon eher sichtbar. Als im Jahre 1911 in Dresden die vom »Odol-König« Karl August Lingner initiierte »Hygiene-Ausstellung« ihre Pforten öffnete, mobilisierte auch der sächsische Wandervogel seine Gefolgschaft zur Fahrt in diese moderne Exposition.[49] Über 300 sächsische Wandervögel (davon 50 aus Dresden) kamen zusammen, zumal zeitgleich ein »Kundentag« stattfand[50], man »kochte«, bestaunt von zahlreichen Schaulustigen, öffentlich »ab« – doch ließ die Disziplin und Sauberkeit der WVler anscheinend zu wünschen übrig – Anlass für eine Klage Hans Lißners.[51] Erich Matthes wusste später von einem spektakulären Auftritt des »Geheimrates Dr. h. c. Arnhold« zu berichten[52] – der berühmte Dresdner Mäzen Georg Arnhold[53] zählte ebenso wie seine Frau Anna seit Jahren zur Sympathisantenszene der Lebensreform und ließ anlässlich der Hygiene-Ausstellung eine Spende von 50 000 RM zur Unterstützung der Abstinenten-Bewegung springen.

Anfang 1914 versammelten sich die sächsischen Wandervögel zum Gautag in Dresden und besuchten aus diesem Anlass ausführlich die neue Gartenstadt Hellerau.[54] Bereits im Sommer 1914 existierte dann eine eigene Hellerauer WV-Gruppe.[55] Im gleichen Jahr erbaute Erich Matthes auf der berühmten »Buch- und Graphik-Ausstellung« (Bugra) in Leipzig ein eigenes Wandervogel-Landheim,[56] schuf damit einen Anlaufpunkt für die Wandervögel und nutzte den Bau zur Werbung für die eigene Sache – als Jugendbewegter und Verleger. Sein bedeutend erfolgreicherer und berühmter Kollege Eugen Diederichs aus Jena setzte in seinem Ausstellungspavillon, der die Sonderschau »Halle der Kultur« beschloss, schöne Wandervogel-Mädchen als Führerinnen ein.[57] Ohnehin hatte er seit Jahren schon sowohl die Lebensreform- als auch die Jugendbewegung unterstützt und gehörte als Gründungsmitglied des Werkbundes ebenfalls zu den Unterstützern des Projekts Hellerau.[58]

Götterdämmerung oder: Die »große Fahrt in den Orlog«

Im Juni 1914 hatte Walther Illgen noch einmal zu einer »Führerwoche auf Schloß Mainberg« geladen; es ging einmal wieder um das Verhältnis der Jüngeren zu den Älteren und die Frage nach der »echten Wandervogelkultur«.[59]

Die nächste erschienene Nummer des Gaublattes führte Walter Illgen als »vermißt«, seinen Bruder Johannes aus Leipzig als »gefallen« auf. Heute wissen wir, dass Walter Illgen, Freiwilliger in einem »Schneeschuh-Bataillon«, am 9. August 1915 in den Karpaten gefallen ist. Herbert Kliemchen, Alfred Leonhardt, Rudolf Regener und Rudolf Renger-

Patzsch aus Dresden zählten zu den Weihnachtstoten des ersten Kriegsjahres, die auf dem Titelblatt der Zeitschrift im Sachsengau aufgeführt waren. Seit den ersten Kriegswochen rissen die Meldungen »gefallen«, »vermißt«, »verwundet«, »das Eiserne Kreuz« nicht ab; die Totenlisten wurden immer länger.[60] Von 80 Chemnitzer Wandervögeln etwa fielen im Laufe des Krieges 40, und anderen Ortsgruppen ging es ähnlich. Vor allem die Führer und die Älteren rückten sofort nach Kriegsbeginn ein, meldeten sich freiwillig und verbluteten in großer Zahl an den Fronten im Westen und Osten, die bereits im Frühjahr und Sommer 1915 erstarrten. Über 7000 Wandervögel überlebten den Krieg nicht, und die Erschütterung darüber klingt noch nach Jahrzehnten in Briefen und Tagebüchern der Überlebenden nach.

Der Weggang ohne Wiederkehr der älteren Jahrgänge machte den Weg in den Gruppen frei für die Jüngeren – und die Mädchen. Der Blick ins Gaublatt zeigt, dass ohne das Engagement gerade der weiblichen Angehörigen der Vorkriegs- und Kriegsjugendbewegung der Wandervogel nicht zu retten gewesen wäre – zu groß war der Aderlass bei den Führern. Paradoxerweise also wird die Katastrophe des Ersten Weltkriegs zur Chance für die Emanzipation der wirklich Jungen und der Frauen – nach 1918 ist die Jugendbewegung nicht mehr das, was sie vor 1914 gewesen ist. Rudolf Kneips Stoßseufzer »Sachsen litt unter den Mädchen besonders stark: Ende 1917 zählte der Gau 283 Mädchen in 9 Mädchengruppen und 17 gemeinsamen Gruppen (…) Die Mädchen traten mehr und mehr an die Stelle der zum Kriegsdienst eingezogenen Führer«,[61] ist nur verständlich aus der Perspektive des späteren »Jungenschafters«, also des Verfechters reiner, bündischer Jungen-Gruppen unter Ausschluss der Mädel. Unfreiwillig aber beweist Kneips Einschätzung die unverzichtbare Funktion der weiblichen Wandervögel für das Überleben der Bewegung. Dass sich auf den verschiedenen Kriegsschauplätzen auch die Wandervogel-Soldaten selbst zum »Kriegs«- oder »Feldwandervogel« zusammenschlossen,[62] gehört auf ein anderes Blatt der Geschichte deutscher Jugend.

Am »1. Jul« (1. Dezember) 1918 ruft der Gauwart des heimkehrenden Wandervogel-Soldaten zu: »Ihr heimkehrenden Brüder! Anderen, luftärmeren Einzuges kommt ihr zurück, als wir einst dachten. Jahr und Tag frohndet ihr blutheischendem Handwerke, bis des kämpfenden Volkes krampfende Kraft erlahmte. Weltbrand stieg jäh gen unserer Väter Land empor. In rasendem Tanze sausten unsere Sterne hernieder. Eisernen Sturmes Dämmerung fegte unsere Götter beiseite. Bettlerarm sitzen wir an staubiger Straße – und glauben doch, daß die rasende Flut eine neue Erde gebäre. – Ein letztes Bild laßt mich noch deuten: nicht soll Hildebrand, dem fernher kehrenden Recken, der Sohn die Heimat verwehren. Weit öffnen wollen wir Tor und Tür zu eurer Heimkunft: mit jauchzendem Herzen seid uns gegrüßt in der alten Heimat und in unserem Bunde« – das Bewusstsein, nach dem Kriege zu leben und das expressionistisch-apokalyptische Zeitgefühl, einer »Weltenwende« beizuwohnen, hatte Sprache und Herzen der Wandervögel erreicht.

Ein gelasseneres, letztes Alterswort stammt von einem einst »unentwegten« Chemnitzer Wandervogel, dem DBler Fritz Költzsch. Er schreibt[63] am 1. August 1956 an die »Liebe[n] Freunde von einst, die Ihr noch am Leben seid!«: »Die Gemeinschaft auf dem

Boden unsrer Unentwegt rechne ich zum Besten meiner Jugendzeit. Geistige Krise war unser Dauerzustand (wir waren ja viel mehr als nur ein Abstinenzverein), darin waren wir echte Bürger (und Väter) des damals beginnenden Jahrhunderts.«

Anmerkungen

1 Vgl. Birgit Dahlke: Jünglinge der Moderne. Jugendkult und Männlichkeit in der Literatur um 1900. Köln, Weimar, Wien 2006.

2 Vgl. die Pionierstudien in Walter Rüegg (Hrsg.): Kulturkritik und Jugendkult. Frankfurt/M. 1974; anregend auch Wolf Wucherpfennig: Kindheitskult und Irrationalismus in der Literatur um 1900. Friedrich Huch und seine Zeit. München 1980, insbes. S. 130–207; Dieter Lenzen: Mythologie der Kindheit. Die Verewigung des Kindlichen in der Erwachsenenkultur. Reinbek 1985.

3 Eine neue Monographie zur Jugendbewegung fehlt; die Fülle der Einzelstudien ist immens. Siehe zur Orientierung vor allem Jakob Müller: Die Jugendbewegung als deutsche Hauptrichtung neukonservativer Reform. Zürich 1966; Walter Z. Laqueur: Die deutsche Jugendbewegung. Eine historische Studie. Köln 1978.

4 Vgl. die während des Ersten Weltkriegs konzipierte Geschichtsphilosophie von Theodor Lessing: Geschichte als Sinngebung des Sinnlosen (zuerst 1919). München 1983.

5 Vgl. die Fallstudien von Sabine Behrenbeck: Der Kult um die toten Helden. Nationalsozialistische Mythen, Riten und Symbole. Vierow b. Greifswald 1996; Silke Satjukow, Rainer Gries (Hrsg.): Sozialistische Helden. Eine Kulturgeschichte von Propagandafiguren in Osteuropa und der DDR. Berlin 2002.

6 Vgl. Detlev J. K. Peukert: Die Weimarer Republik. Krisenjahre der Klassischen Moderne. Frankfurt/M. 1987.

7 Vgl. Lutz Roth: Die Erfindung des Jugendlichen. Weinheim 1983.

8 Vgl. Jürgen Oelkers: Von der Welt des Émile zur Erziehungsdiktatur. In: Der Neue Mensch. Obsessionen des 20. Jahrhunderts. Hrsg. v. Nicola Lepp, Martin Roth, Klaus Vogel. Ostfildern-Ruit 1999, S. 37–47.

9 Anschaulich ist der Katalog: Schock und Schöpfung. Jugendästhetik im 20. Jahrhundert. Neuwied 1986.

10 Zahlreiche anregende Studien zur gesellschaftlichen Dynamik des sogenannten »Generationenkonflikts« in Dieter Dowe (Hrsg.): Jugendprotest und Generationenkonflikt in Europa im 20. Jahrhundert. Bonn 1986.

11 Barbara Stambolis: Mythos Jugend. Leitbild und Krisensymptom. Ein Aspekt der politischen Kultur im 20. Jahrhundert (Edition Archiv der deutschen Jugendbewegung 11). Schwalbach 2003.

12 Gerhard Ille, Günter Köhler (Hrsg.): Der Wandervogel. Es begann in Steglitz. Beiträge zur Geschichte der deutschen Jugendbewegung. Berlin 1987; Fokus Wandervogel. Der Wandervogel in seinen Beziehungen zu den Reformbewegungen vor dem Ersten Weltkrieg. Hrsg. v. Sabine Weißler im Auftrag des Bezirksamtes Steglitz-Zehlendorf von Berlin. Marburg 2001.

13 Vgl. den Themenschwerpunkt »Die Wiederbelebung jugendbündischer Kulturen in der westdeutschen Nachkriegsgesellschaft. In: Historische Jugendforschung. Jahrbuch des Archivs der deutschen Jugendbewegung. Neue Folge 1 (2004).

14 Gemeinhin unterteilt man die Geschichte der Jugendbewegung in die »Wandervogel-Zeit« (1896–1919) und die »Bündische Zeit« (1920–1933); vgl. die – trotz ideologischen Retuschen – wichtigen Quellenbände von Werner Kindt (Hrsg.): Die Wandergelzeit. Quellenschriften zur deutschen Jugendbewegung 1896–1919, Köln, Düsseldorf 1968; ders. (Hrsg.): Die deutsche Jugendbewegung 1920 bis 1933. Die bündische Zeit, Köln, Düsseldorf 1974. – In beiden Bänden finden sich ausführliche Chroniken aller wichtigen Wandervogel-Bünde.

15 Immer noch lesenswert ist der Band »Mit uns zieht die neue Zeit«. Der Mythos Jugend. Hrsg. v. Thomas Koebner, Rolf-Peter Janz, Frank Trommler. Frankfurt/M. 1985.

16 Daher findet sich ein entsprechender Artikel auch an der richtigen Stelle; vgl. Winfried Mogge: Jugendbewegung. In: Handbuch der deutschen Reformbewegungen 1880–1933. Hrsg. v. Diethart Kerbs, Jürgen Reulecke. Wuppertal 1998, S. 181–196.

17 Dies betont zu Recht Frank Trommler: Modernität und die Kultur der Unproduktiven. Jugend und Jugendbewegung im Prozess der Modernisierung. In: Jahrbuch des Archivs der deutschen Jugendbewegung 18 (1993–1998), S. 159–180.

18 Dass die »Rebellion« der Jugendbewegung »gelernt« war, ist die Kernthese von Ulrich Aufmuth: Die deutsche Wandervogelbewegung unter soziologischem Aspekt. Göttingen 1979.

19 Vgl. Rudolf Kneip: Wandervogel – Bündische Jugend 1905 bis 1943. Frankfurt/M. 1967, S. 4. Das Zitat stammt aus Kneips erstmalig 1928 erschienener Schrift »Vom Wandervogel zum Jungenbund. 1. Teil der Geschichte der Sächsischen Jungenschaft. Mittweida 1928«, das am angegebenen Ort im Reprint vorliegt.

20 Im Archiv der deutschen Jugendbewegung, Burg Ludwigstein, Bestand A2–05/8 hat sich eine Reihe persönlicher Briefe ehemaliger Chemnitzer Wandervögel erhalten, die anlässlich des 50-jährigen Jubiläums ihrer abstinenten Schülergruppe »Unentwegt« im Jahre 1956 den Kontakt zueinander gesucht haben. Dort finden sich zahlreiche Hinweise zur Gruppengeschichte, die im Folgenden nicht einzeln nachgewiesen werden.

21 Brief von Walter Barth an Arthur Epperlein, 28. Juli 1956. In: Archiv der deutschen Jugendbewegung, Burg Ludwigstein, Bestand A2–05/8 (Wandervogel Deutscher Bund, Ortsgruppe Chemnitz).

22 Zu Matthes und dessen Umfeld s. Justus H. Ulbricht: »Lebensbücher, nicht Lesebücher«. Buchhandelsgeschichtliche Ansichten der bildungsbürgerlichen Reformbewegungen um 1900. In: Das bewegte Buch. Buchwesen und soziale, nationale und kulturelle Bewegungen um 1900. Hrsg. v. Mark Lehmstedt, Andreas Herzog. Wiesbaden 1999, S. 135–151, insbes. S. 141–144.

23 Zum aus der umgebenden Kultur des Wilhelminismus übernommenen Erbteil zählte leider auch der Antisemitismus; vgl. Andreas Winnecken: Ein Fall von Antisemitismus. Zur Geschichte und Pathogenese der deutschen Jugendbewegung vor dem Ersten Weltkrieg. Köln 1991.

24 Marion E. P. de Ras: Körper, Eros und weibliche Kultur. Mädchen im Wandervogel und in der bündischen Jugend 1900–1933. Pfaffenweiler 1988; Irmgard Klönne: »Ich spring' in diesem Ringe«. Mädchen und Frauen in der deutschen Jugendbewegung. Pfaffenweiler 1990; Rosemarie Schade: Ein weibliches Utopia. Organisationen und Ideologien der Mädchen und Frauen in der bürgerlichen Jugendbewegung 1905–1933 (Edition Archiv der deutschen Jugendbewegung 10). Köln 1996.

25 Neben den Erinnerungen von Erich Matthes im Archiv der deutschen Jugendbewegung und denen der Ortsgruppe Chemnitz im WV, DB siehe dazu auch

Rudolf Kneip: Die Sachsen und die Einigungsbestrebungen im Wandervogel. In: Jahrbuch des Archivs der deutschen Jugendbewegung 8 (1976), S. 155–162.

26 Aus vereinsrechtlichen Gründen musste jede WV-Gruppe einen »Eufrat« aus Erwachsenen besitzen, um ins Vereinsregister eingetragen werden zu können; Minderjährigen waren Vereinsgründungen untersagt.

27 Vgl. Einige Randbemerkungen von Erich Matthes, weiland Mitglied der Unentwegt (Germania, Abstinentenbund an deutschen Schulen, Wandervogel D. B. Chemnitz) und zum Stachelschwein, Intelligenzblatt der chemnitzer [sic!] studierenden (abstinenten) Jugend. In: Archiv der deutschen Jugendbewegung, Burg Ludwigstein, Bestand A2–05/8.

28 Hans Breuer – Wirken und Wirkungen. Eine Monographie, zusammengestellt von Hans Speiser. Burg Ludwigstein 1977.

29 Vgl. Wandervogel. Monatsschrift für deutsches Jugendwandern 1 (1911), Hartung [= Januar], H. 1, S. 12 f.; Kindt, Wandervogelzeit, S. 112.

30 Vgl. die Notiz »Aus dem Gau«. In: Wandervogel. Gaublatt für Sachsen 2 (1912), Wonnemond [= Mai], S. 119.

31 Für eine ausführliche, analytisch tief gehende Schilderung von Aktivitäten der sächsischen Jugendbewegung ist hier weder Anlass noch Raum; der Verfasser hofft, dass dazu einmal eine Regionalstudie vorgelegt wird. An dieser Stelle sind nur punktuelle Einblicke möglich.

32 Von einem Dresdner Mädel: Von Mädel-Pfingstfahrten. In: Wandervogel. Gaublatt für Sachsen 3 (1913), Nebelung [= November], S. 108 f.

33 Walter Fischer: Von alten und neuen Landheimen. In: Wandervogel 1 (1911), Hornung [= Februar], H. 2, S. 102–104.

34 Paulo [ein Fahrtenname]: Unser Turm. In: Wandervogel 1 (1911), Hornung [= Februar], H. 2, S. 73. Dabei handelt es sich um einen Bericht aus Luckau in der Niederlausitz.

35 Der Hausgeist [Pseudonym]: Im Nest und im Landheim. In: Wandervogel 1 (1911), Hornung, H. 2, S. 86.

36 Herbert Illgen [Bruder von Walther Illgen]: Im Landheim Schwannewitz. Leben und Treiben in Landheimen. In: Wandervogel. Gaublatt für Sachsen 2 (1912), Weinmond [= Oktober], S. 192–196.

37 Vgl. die Ankündigung von F. A. [i. e. stud. ing. Fritz Axt, der Leiter der Dresdner Gruppe] in: Wandervogel. Gaublatt für Sachsen 2 (1912), Nebelmond [= November] , S. 201.

38 F. A. (= Fritz Axt) in: Wandervogel. Gaublatt für Sachsen 3 (1913), Hartung/Hornung, S. 13 f.

39 Fritz Axt: Vom Nest der Dresdner. Auch eine Jahrhunderterinnerung. In: Wandervogel. Gaublatt für Sachsen 3 (1913), Nebelung [= November], S. 105–108.

40 Rudolf Kneip: Wandervogel – Bündische Jugend 1909–1943. Frankfurt/M. 1967, S. 6.

41 Walter Illgen: An die ehemaligen und jetzigen Seminar-Wandervögel und ihre Freunde. Ein Aufruf zur Sammlung. In: Wandervogel. Gaublatt für Sachsen 3 (1913), ersten Nebelung, S. 113 f. – Illgen war damals gerade Lehrer auf Schloss Mainberg in Franken, der ersten Bildungsstätte des Johannes Müller-(Elmau).

42 Joachim Wolschke-Bulmahn: Auf der Suche nach Arkadien. Zu Landschaftsidealen und Formen der Naturaneignung in der Jugendbewegung und ihrer Bedeutung für die Landespflege. München 1990.

43 Vgl. etwa den Bericht der Dresdnerin Ilse Harzer: Von unserer Thüringer Fahrt. In: Wandervogel Sachsengau 4 (1914), Juni, S. 129–132; Aus dem Gau – Verkehr mit den Nachbargauen. In: Sachsenspiegel H. 2, Hornung [Februar] 1916, S. 25.

44 (Rudolf) Götze: Zur Beherzigung an alle Wandervögel. In: Wandervogel. Gaublatt für Sachsen 2 (1912), Ostermond [= April], S. 83.

45 Vgl. Wandervogel. Gaublatt für Sachsen, September 1991, S. 65.

46 Vgl. Wandervogel. Gaublatt für Sachsen 2 (1912), Heuet-Ernting [= Juli-August], S. 148.

47 Ulrich Linse: »Geschlechtsnot der Jugend«. Über Jugendbewegung und Sexualität. In: »Mit uns zieht die neue Zeit«, S. 245–309; Friedhelm F. Musall: Frühe Jugendbewegung, Sexualität und adoleszente Politisierung. Frankfurt/M. 1987; vgl. auch Ulfried Geuter: Homosexualität in der deutschen Jugendbewegung. Jungenfreundschaft und Sexualität im Diskurs von Jugendbewegung, Psychoanalyse und Jugendpsychologie am Beginn des 20. Jahrhunderts. Frankfurt/M. 1994.

48 Kneip, Wandervogel – Bündische Zeit, S. 11.

49 Vgl. den Fahrtaufruf »Nach Dresden zur Hygienischen Ausstellung am 10. Juni«. In: Wandervogel. Gaublatt für Sachsen, April 1911, S. unpag.; s. auch Wandervogel. Monatsschrift für deutsches Jugendwandern 6 (1911), H. 7, S. 176 f.

50 Vgl. Wandervogel. Gaublatt für Sachsen, Juli-August 1911, S. 55 [Bericht von Fritz Buch, Dresden].

51 Hans Lissner: Die Wandervögel in Dresden. In: Wandervogel. Gaublatt für Sachsen, Juli-August 1911, S. 49 f.

52 Manuskript im Nachlass E. Matthes, Archiv der deutschen Jugendbewegung, Burg Ludwigstein, Mappe Nr. 5.

53 Simone Lässig: Kultur und Kommerz – Das Beispiel der Bankiersfamilie Arnhold. In: Dresdner Hefte 15 (1997), H. 49, S. 39–46.

54 Wandervogel Sachsengau, Februar 1914, S. 46–62.

55 Wandervogel Sachsengau, Juni 1914, S. 113.

56 Vgl. die Broschüre »Das Landheim. Bugra 1914 [erschienen bei Matthes]; dazu Ulbricht, »Lebensbücher, nicht Lesebücher«.

57 Dazu Ulbricht, »Lebensbücher, nicht Lesebücher«, S. 142; Ulf Diederichs: Was heißt und zu welchem Ende wird man Kulturverleger? Ein weiterer Beitrag zum 100. Geburtstag des Eugen Diederichs Verlages. In Buchhandelsgeschichte 1996, H. 3, B 97–B 111.

58 Als kurzen Überblick s. Justus H. Ulbricht: Mäzen für Kulturreform. In: Versammlungsort moderner Geister. Der Kulturverleger Eugen Diederichs und seine Anfänge in Jena 1904–1914. München 1996, S. 84–98.

59 Führerwoche auf Schloß Mainberg (2.–6. Juni). In: Wandervogel Sachsengau, Juli-August 1914, S. 133 f.

60 Zum Wandervogel im Krieg und den Veränderungen der gesamten Jugendbewegung durch den Krieg s. Gudrun Fiedler: Jugend im Krieg. Bürgerliche Jugendbewegung, Erster Weltkrieg und sozialer Wandel 1914–1923 (Edition Archiv der deutschen Jugendbewegung 6). Köln 1989.

61 Kneip, Wandervogel-Bündische Jugend, S. 14 f.

62 Vgl. die Notiz »Wichtiges für Wandervogelsoldaten«. In: Sachsenspiegel H. 1, Hartung 1917, S. 24; Dokumente zum »Kriegswandervogel« bei Kindt, Wandervogelzeit, S. 800–1006.

63 Brief von Fritz Költzsch, 1. 8. 1956. In: Archiv der dt. Jugendbewegung, Burg Ludwigstein, Bestand A2-05/8.

Alexander Konrad Müller

Der Wandervogel in Dresden

1896 gründete der Student Hermann Hoffmann (1875–1955) am Gymnasium der Kleinstadt Steglitz eine Wandergruppe, die am 4. November 1901 durch seinen Nachfolger, Karl Fischer (1881–1941), als »Wandervogel, Ausschuss für Schülerfahrten« legalisiert wurde. Das war der Beginn der Bewegung.

Die Gründung des Wandervogels entsprang dem Bedürfnis der Schüler und geschah ganz von selbst, ohne äußeren Zwang, ohne Bevormundung oder Gängelung durch Erwachsene, durch Vorgesetzte, Lehrer oder Eltern oder gar durch Gewerkschaften oder politische Parteien. (Im Gegensatz zu den 1896 in Wien gegründeten »Naturfreunden«, einer von Anfang an bewusst linken Jugendorganisation in politischer Nähe zur Sozialdemokratie.) Fischer führte zwar das allgemeine »Du« ein, damals eine unerhörte Neuerung, schuf aber zugleich eine strenge, hierarchische Ordnung: Die Führer wurden »Bachanten« genannt, die einfachen Mitglieder »Scholaren«, er selbst ernannte sich zum »Großbachanten«.

Die ersten Mitglieder, ausnahmslos Gymnasiasten und Studenten, zogen in ihrer Freizeit zu Fuß aus der miefig-muffigen Enge des wilhelminischen Schulbetriebes und der brav-gutbürgerlichen Familien ins Freie, zunächst – wie zeitgenössische Photographien beweisen – in korrekt-bürgerlicher Kleidung mit Stehkragen, Schüler- oder Studentenmützen und sogar mit Regenschirmen! Und mit Tornister – es gab noch keine Rucksäcke. Doch das äußere Bild änderte sich bald: Für kurze Zeit zeigten sich die Wandervögel in betont antibürgerlicher, landstreicherartiger Kostümierung, mit Sandalen oder ungeputzten, derben Schuhen, mit rotem Halstuch und einer Feder oder gar mit einer Speckschwarte am Hut. Dazu übernahmen sie Begriffe aus dem Landstreicher-Jargon, nannten ihre überregionalen Versammlungen »Kunden-Konvente«.[1] Man grüßte mit »Heil!«

Im preußisch-deutschen Kaiserreich, wo alles seine Ordnung haben musste, durften wilde Knabenhorden nicht die Zivilisation in Frage stellen – schließlich hatte die Obrigkeit, die sich langsam mit der Sozialdemokratie abgefunden hatte, noch immer Angst vor Anarchisten. Rotes Halstuch, keine Bügelfalten und noch dazu eine Speckschwarte am Hut? Um sich von »echten« Landstreichern zu unterscheiden, legten die Wandervögel ihre speckigen Hüte ab und führten eine besondere Wandervogel-Mütze ein. Doch bald hatte sich eine bequeme und praktische Wanderkleidung durchgesetzt, mit kurzen oder Kniebundhosen.

Wandervogel

Gaublatt für Sachsen. November 1910

Titelsignet des Wandervogels

Die Wandervögel waren fast durchweg minderjährig und durften als Schüler oder Lehrlinge keinen Vereinen angehören. Deshalb mussten Erwachsene – als eine Art Strohmänner – gefunden werden, die nach den damals gültigen Gesetzen Ortsvereine und Ortsgruppen gründen konnten, meist Väter oder sonstige nahe Verwandte der eigentlichen Wandervögel, in seltenen Fällen auch reformorientierte Lehrer. Die bildeten einen »Eltern- und Freundesrat«, kurz »Eufrat« genannt.

Die jugendlichen eigentlichen Wandervögel kümmerten sich nicht um solche Formalitäten, erwanderten an den Sonntagen die nähere Umgebung, und in den Ferien ging's bis zu vier Wochen auf große Fahrt durch ganz Deutschland und manchmal auch in die Nachbarländer. Man teilte während der Fahrten Geld und Essen brüderlich, übernachtete in Scheunen oder Burgruinen, oft im Freien. Am Lagerfeuer wurde gekocht und dazu außer individuellem Kochgeschirr ein großer »Hordentopf« mitgeschleppt. Übrigens scheint Kakao das Lieblingsgetränk der Wandervögel gewesen zu sein – es wird mehrmals über wahre Schlemmer-Orgien berichtet.

Die Anzeigen in den Wandervogel-Gaublättern preisen bereits 1910 ein umfangreiches Sortiment an Wandervogel-Kleidung und -Bedarfsartikeln an – Industrie und Handel hatten sich in weniger als einem Jahrzehnt dem aus dem Nichts entstandenen Bedarf angepasst: Was man heute unter der Bezeichnung »Campinggeschirr« in verfeinerter Form aus Edelstahl und Kunststoffen kennt, wurde vor inzwischen hundert Jahren für die Bedürfnisse des Wandervogels erfunden – alles aus Aluminium.

Ganz wichtig war das gemeinsame Singen. Anfänglich stimmte man Soldaten- und Vagantenlieder, Moritaten, aktuelle Operettenschlager und die aus dem Kommersbuch bekannten Studentenlieder an, begleitet von Mundharmonika, Geige oder Okarina. Bald besann man sich auf alte deutsche Volkslieder und – nachdem der Wandervogel auch für Mädchen offen war – pflegte Volkstänze. Mehrere Lieder-

Wandervogel. Achter Jahrgang, Heft 4. April 1913.

Kopfzeile der Zeitschrift des Wandervogels

büchlein wetteiferten um die Gunst der Wandervögel – am erfolgreichsten war »Der Zupfgeigenhansl«, zweifelsohne die beste Sammlung deutscher Volkslieder, zusammengestellt und herausgegeben von dem Medizinstudenten und späteren Arzt Hans Breuer.

Der Wandervogelbewegung ist auch die Wiederbelebung vergessener Musikinstrumente zu danken – einmal der Gitarre, die seit der Biedermeierzeit in Deutschland fast vollständig verschwunden war – sowie der seit der Barockzeit in Deutschland ausgestorbenen Blockflöte, die von dem Instrumentenbauer Peter Harlan, einem Bruder des Filmregisseurs Veit Harlan, nach englischem Vorbild neu geschaffen wurde. Die Gitarre wurde schnell zum Hauptinstrument des Wandervogels, meist als »Klampfe« bezeichnet oder – in der Bauform mit birnenförmigem Korpus – als »Laute«. Alfred Kurella (1895–1975), ein verdienstvoller Wandervogelführer und -theoretiker der Vorkriegszeit, verfasste 1912 das »Wandervogel-Lautenbuch«, das zur Grundlage der Gitarren- und Lautenmusik im Wandervogel wurde. Während des Krieges wirkte er als Hauslehrer u. a. in Dresden, begründete 1918 die Ortsgruppe der Freien Sozialistischen Jugend in München, trat später der Kommunistischen Partei bei, ging in die Sowjetunion und wurde hoher Funktionär des Komsomol, der KPdSU und des sowjetischen Geheimdienstes. Ab 1954 wieder in der DDR, bekleidete er hohe staatliche und Parteifunktionen und ist vielen als berüchtigter Verfechter des »Sozialistischen Realismus« noch in Erinnerung.

Der Besuch von Kneipen und Tanzsälen war den Wandervögeln nicht verboten, aber verpönt – wer dort hinging, hatte im Wandervogel nichts zu suchen. Anfänglich waren die Wandervögel – nach damaligem Schüler- und Studentenbrauch – dem Bier und einer Tabakspfeife nicht abhold, doch bald setzte sich – zumindest auf Fahrt – ein freiwilliger Verzicht auf Alkohol und Nikotin durch.

Konsequenter waren die Wehrlogen des Guttempler-Ordens. Für Dresden sind vor Beginn des 1. Weltkrieges drei Wehrlogen bezeugt:»Sonnenwärts«,»Für's Leben« und »Freie Menschen«.[2] Deren jugendliche Mitglieder, nach Abschluss der Volksschule in der Mehrheit Lehrlinge handwerklicher und kaufmännischer Berufe, schlossen sich dem »Bund der abstinenten Wanderscharen« an,[3] fühlten sich als Wandervögel und hatten dieselben Ideale, Ziele und Gewohnheiten. In manchen Publikationen wird die Meinung vertreten, der Wandervogel sei eine Art Aufstand, eine Rebellion gegen die Welt der Erwachsenen, gegen Eltern und Lehrer gewesen. Dem widersprechen alle, die in den Gründungsjahren dabei waren. Im Gegenteil – die meisten Eltern hatten nichts dagegen, dass ihre Söhne ihre Freizeit an der frischen Luft verbrachten und nicht in Kneipen.

Wenn die Wandervögel auf große Fahrt gingen, wurden sie bestaunt, und in vielen besuchten Orten gründeten sich spontan neue Wandervogel-Ortsgruppen. Nur wenige Neider höhnten:»Latsch, latsch – die Heide blüht!« Bereits kurz nach der Gründung war es zur Spaltung des ursprünglichen Wandervogelbundes und zur Gründung mehrerer neuer Bünde gekommen, die sich unabhängig voneinander im ganzen Deutschen Reich und in den deutschsprachigen Teilen Österreich-Ungarns und der Schweiz ausbreiteten. 1913 gab es im Deutschen Reich ungefähr fünfundzwanzigtausend Wandervögel in etwa achthundert Ortsgruppen.[4]

In Dresden entstanden – unabhängig voneinander – Ortsgruppen des Alt-Wandervogels (A.W.V.) des Verbandes deutscher Wandervögel (D.B.) und des Jung-Wandervogels (J.W.V.). Das Gründungsdatum der ersten Wandervogelgruppe in Dresden lässt sich bis heute nicht belegen – es muss 1907 gewesen sein, denn im Dezember 1912 blickte man auf sechs erfolgreiche Wandervogeljahre zurück.[5]

Im Oktober 1910 erscheint das erste Heft des »Wandervogel – Gaublatt für Sachsen« und berichtet über Ortsgruppen in Leipzig, Annaberg, Chemnitz, Döbeln, Görlitz, Grimma, Löbau, Meerane, Rochlitz, Wurzen, Auerbach und Mittweida, dazu von einer Leipziger Mädchengruppe – bringt aber keine Nachrichten aus Dresden. Dort scheint es damals Schwierigkeiten gegeben zu haben, denn im Novemberheft lesen wir über die Zittauer Wandervogeltage:»… Leipzig rückte in 3 Heeressäulen an, Döbeln und Freiberg stellten je eine Horde. Dazu kommen Sonderlinge aus Grimma, Mittweida, Löbau, Meerane und – wider Erwarten, deshalb jedoch nicht minder freudig begrüßt – Dresden …«[6] Im selben Heft erfahren wir: Werner Firle, bisher Dresdner Ortgruppenleiter des »Altwandervogels«, hat sein Amt an Fritz Busch, Weintraubenstr. 14, übergeben, und es werden sechs »Fahrten« nach Pillnitz-Pirna, in die Dippoldiswalder Heide, in die Wilsdruffer Gegend, zum Poisenwald, in die Massenei und zum Grillenburger Forst angekündigt.[7] Die Dresdner Gruppe war also durchaus aktiv.

Im Dezemberheft lesen wir, dass Werner Firle nun auch in Meißen eine Ortsgruppe gegründet hat. Und weiter: »… Jeder, der Eingetragener werden will, muss 3 Fahrten mitgemacht haben. Wer in 2 Monaten auf keine Fahrt mitkommt, wird gestrichen. Liederabende finden wöchentlich Freitag 1/2 7 bis gegen 9 Uhr statt; daran anschließend an jedem 1. Freitag im Monat ein Führerabend … Dank der Freundlichkeit des hiesigen

Exlibris Wandervogel
Ortsgruppe Dresden,
Radierung von Kurt Müller

Eufrats haben wir jetzt ein gemütliches Nest, in dem die Singeabende stattfinden (bei Busch, Weintraubenstr. 14). (Im Keller!)[8]

Das ist der letzte Nachweis für das Wirken des späteren Opernsängers Werner Firle (1893–1958) in Dresden. Der verließ den »Altwandervogel« und war dann bis 1914 Kreisleiter des »Jung-Wandervogels« in Sachsen.[9] (Es ist unbefriedigend, dass sich keine weiteren Daten zum Leben und Wirken des vermutlich bedeutendsten Dresdner Wandervogelführers finden lassen.)

Das Märzheft 1911 nennt zwei weitere Wandervogelgruppen: Dresden D.B., Schriftwart R. Zeiler, Hassestr. 6, sowie eine Dresdner Mädchengruppe, Leitung Frl. Marie Lewerenz, Fürstenstr. 64, und Frl. Grete Schnabel, Carlowitzstr. 33.[10]

Im Heft Juli-August 1911 werden vom »Verband deutscher Wandervögel« etwa 250 große Fahrten angekündigt,[11] darunter auch nach Norwegen, Italien, Österreich und in die Schweiz, darunter folgende:

15. 7.–19. 8.   Franken, Schwaben, Bodensee, Kosten 50 Mk,
                  Hessen, Franken, Nürnberg, Kosten 42 Mk
15. 7.–15. 8.   Schwäbische Alp, Bodensee, Vorarlberg, Kosten 60 Mk
14. 7.–16. 8.   Schwäb. Jura, Bodensee, Schwarzwald, 60 Mk,
                  4 Wochen Nord- und Ostsee mit Zelt, 50 Mk.

Bereits 1909 hatte sich eine Wandervogelgruppe auf ihrer Englandfahrt mit Boy-Scouts getroffen.[12]

Ein Jahr später hatte die Pfadfinderbewegung auch in Deutschland Fuß gefasst, von Anfang an eine straffe Organisation mit Uniformen und einer halbmilitärischen Zielsetzung, aber eben kein auf romantischen Idealen gegründeter freiwilliger Bund.

Auf den Fahrten kam es bald zu Begegnungen zwischen Wandervögeln und Pfadfindern. Dazu das Sächsische Gaublatt: » … Ihr wißt alle, daß es an Konkurrenzbewegungen nicht fehlt. Können wir's den ›Pfadfindern‹, den ›Wehrkraftvereinigungen‹, den ›Wanderburschen‹, den ›Fahrenden Gesellen‹ und wie sie alle heißen, im Grunde verdenken, daß sie auch werben und an Boden zu gewinnen suchen? Wo überhaupt ernst gewandert wird, geschieht's nach ›Wandervogels‹ Art und es ist eine zweifelhafte Freude für uns, daß wir populär geworden sind…«[13]

Im selben Jahr, Heft Juli/August, finden wir den Hinweis, dass es in Zittau nun auch eine Pfadfindergruppe gibt. Dazu die sicherlich nicht ganz grundlose Ermahnung: »…vertragt Euch gut mit den Pfadfindern, so könnt Ihr am besten beweisen, daß ein W.-V. nicht engherzig, sondern vorurteilsfrei ist und jeden achtet und gelten läßt, sofern er sich nur für ein edles und großes Ziel einzusetzen weiß.«[14]

Die Dresdner Wandervögel hatten sogar einen eigenen Garten:[15] Dieser Garten lag in der Nähe des Hauptbahnhofes, vermutlich an der Bergstraße, denn er diente auch als Treffpunkt für Fahrten in die Sächsische Schweiz, in den Poisenwald oder die Dippser Heide.

In den nächsten Heften lesen wir: »… Ein Fortschritt ist in Dresden zu verzeichnen: Dort haben sich A.W.V. und D.B. vereinigt.«[16] »Nach der Einigung der beiden Dresdner Ortsgruppen sind wir also jetzt 93 Wandervögel und 14 Wandervögelinnen insgesamt. Der Eufrat zählt 43 Mitglieder.«[17] Und noch eine gute Nachricht: »Unser feines Nest in einem Haus mit 24 Familien ist nun seit einigen Wochen in Betrieb. Wer's noch nicht kennt, komme und seh': es ist Rähnitzgasse 19, Hinterhaus 4 Treppen hoch unterm Dach. (Hausschuhe mitbringen!)«.[18] Das Vorderhaus wurde 1730 vom Ratsmaurermeister Johann Gottfried Fehre erbaut, dem Vollender der Frauenkirche; das Hinterhaus stammt von 1756.

Die Gebäude haben die Bombenangriffe auf Dresden und die Vernachlässigung zu DDR-Zeiten überstanden und sind aufs Feinste restauriert – heute befindet sich darin ein 5-Sterne-Hotel.

An dem berühmten – bewusst antimilitaristischen und anti-hurrapatriotischen – frei-deutschen Jugendtreffen am 11./12. Oktober 1913 auf dem Hohen Meißner war der Sachsengau offiziell nicht vertreten, es erschien auch kein Bericht im Gaublatt. Nur der J.W.V war mit etwa 150 Mann dabei, darunter der Dresdner Werner Firle.[19]

Am Ersten Weltkrieg nahmen mehr als 15 000 Wandervögel – meist freiwillig – als Frontsoldaten teil, etwa 700 000 sind gefallen, darunter fast die gesamte Führungselite. Das Gaublatt nannte sich ab 1917 »Sachsenspiegel«; es entstanden neue Wandervogel-gruppen in Hellerau, Hosterwitz und Blasewitz und auch eine WV-Soldatengruppe mit eigenem Nest. Zu Kriegsende war der alte Wandervogel ausgeblutet, die alten Bünde lösten sich auf – die einst aktiven Mitglieder waren dem Wandervogelalter entwachsen, alle hatten Existenzsorgen, viele gründeten Familien. Die meisten haben ihre Ideale aber niemals vergessen und bis ins hohe Alter bewahrt. Neugegründete Jugendbünde nach dem Vorbild der alten Wandervogelbewegung – darunter auch mehrere, die sich als Wandervogel bezeichneten – spalteten und vereinigten sich, lösten sich auf, gaben sich neue, programmatische Namen. Aber alle fühlten sich als Wandervögel. Lebenslang. Und waren sich einig – der Wandervogel war ein romantisches Jugendreich und keine Jugendorganisation.

Was ist – nach hundert Jahren gefragt – vom Wandervogel geblieben? Außer der Wiederbelebung von Gitarre und Blockflöte nur sehr wenig Materielles wie der aus der Bundeskanzlei des Wandervogels im sächsischen Hartenstein hervorgegangene und spä-ter nach Rudolstadt verlegte Greifenverlag. Doch der Geist des Wandervogels wirkte fort: Ungezählte Kulturschaffende aller Art, Techniker und Wissenschaftler gehörten dem Wandervogel an oder wurden durch ihn inspiriert, darunter der für das Chorschaf-fen bedeutende Musikpädagoge Fritz Jöde und der Gründer des »Finkensteiner Sing-kreises«, Walter Hensel. In Dresden sammelten sich nach dem 2. Weltkrieg unter der kurzzeitigen Leitung von Gottfried Schmiedel alte Wandervögel in einer sehr aktiven Gruppe des »Finkensteiner Singkreises«, die Anfang der 1990er Jahre mit dem Tod der letzten Wandervögel erlosch.

Anmerkungen

1 Gerhard Ziemer, Hans Wolf, Wandervogel und Frei-deutsche Jugend, Bad Godesberg 1961, S. 9.
2 Mündliche Information von Arthur Nestler, 1994.
3 Hans Adler, Der Bund der Wanderscharen, Bundes-zeitschrift, Magdeburg Mai 1925, S. 45.
4 Ziemer, S. 7.
5 Wandervogel. Gaublatt für Sachsen, Leipzig, Januar–Februar 1913, S. 13 f.
6 ebd. November 1910, S. 5.
7 ebd. S. 7.
8 ebd. Dezember 1910, S. 7, 13.
9 Hans Wolf in 1. Biographische Notizen, S. 9.

10 Gaublatt, März 1911, S. 16 f.
11 ebd. Juli–Aug. 1911, S. 50.
12 Gerhard Ziemer, Hans Wolf, Wandervogel-Bildatlas, Bad Godesberg 1963, S. 40.
13 Gaublatt, Hartung 1912, S. 43.
14 ebd. Heuet-Ernting 1912, S. 149 f.
15 ebd. März 1913, S. 77.
16 ebd. Brachmond 1912, S. 119, 128.
17 ebd. Nebelung 1912, S. 163.
18 ebd. Christmond 1912. S. 220.
19 Ziemer, S. 476.
20 ebd. S. 22.

Carsten Schmidt

Zwischen Kriegsdienst und Opposition – Dresdner Jugend im Ersten Weltkrieg[1]

1.

Im Deutschen Kaiserreich zählte die »Jugendpflege« zu den Zuständigkeiten der Bundesstaaten. Getrieben von der Furcht vor einer sozialistischen Indoktrinierung der Jugend und einer sozialdemokratischen Unterwanderung des Militärs waren es vor allem Preußen und Sachsen, die erste administrative Schritte auf dem Weg zu einer staatlichen Jugendpflege unternahmen.[2] Die am 12. Dezember 1910 (Sachsen) und 18. Januar 1911 (Preußen) beinahe zeitgleich bekanntgegebenen Jugendpflegeerlasse bestimmten die staatliche Förderung aller mit der Jugendpflege befassten Verbände und Vereine. Für diesen Zweck stellte die preußische Regierung 1 Million, die sächsische 100 000 Mark in den Haushalt ein. Unter maßgeblicher Beteiligung des Dresdner Kreishauptmannes Alexis Anselm Rumpelt konstituierte sich in Sachsen der »Landesausschuß für die Jugend zwischen Schul- und Wehrpflicht«, der sich 1913 nach seiner Öffnung auch für die weibliche Jugend in »Landesausschuß für Jugendpflege« umbenannte.[3] Diesem schlossen sich bis 1917 25 sächsische Verbände an. Sachsenweit wurden 911 Ortsausschüsse gezählt, davon 348 allein in der Kreishauptmannschaft Dresden.[4] Die Ortsausschüsse veranstalteten Vorträge und Unterricht auf Gebieten wie Geschichte, Geographie oder Kultur. Gemeinsam mit anderen Organisationen führten sie Wanderungen, Turnübungen und Spiele durch.[5] Aufgrund der staatlichen Förderung wurde Jugendpflege in den Vorkriegsjahren zu einer regelrechten »Modesache«.[6] Am Rande der Jugendbewegung[7] entstanden immer neue Gruppen, wie die reichsweiten Pfadfindervereine oder in Dresden der »Jugendbund«, die sich schließlich alle unter dem Dach des »Jungdeutschlandbundes« zusammenfanden, der 1914 750 000 Mitglieder umfasste.[8]

In ihrem Selbstverständnis als parteipolitisch neutrale Institution war die Jugendpflege auf eine national-vaterländische »Geist- und Gemütsbildung«[9] der Jugend zwischen Volksschule und Militärdienst bedacht. Sie war klar antisozialdemokratisch ausgerichtet. Mit den »Leibesübungen« zielte die Jugendpflege zudem mittelbar auf die Stärkung der Wehrkraft ab. Mit der Forcierung der Jugendpflege verfolgten die staatlichen Behörden demnach zwei Ziele. Zum einen reagierte man mit der Förderung des militärischen Nachwuchses auf die außenpolitische Dauerkrise, zum anderen sollte innenpolitisch dem Vordringen der Sozialdemokratie Einhalt geboten werden. Letzteres trat nirgends so offenkundig zutage wie im Königreich Sachsen. Konservative und Nationalliberale blockierten im Landtag auch bei der Jugendpflege jede Einflussnahme und mögliche Beteiligung der für sie bedrohlich anwachsenden sächsischen Sozialdemokratie.[10] Denn im hochindustrialisierten Sachsen fanden sozialdemokratische Ideen bei der arbeitenden Jugend starken Anklang. Alle Versuche der bürgerlichen Jugendpflege, als unpolitische Einrichtung zu erscheinen, um sich so auch der proletarischen Jugend zu öffnen, waren allerdings gescheitert, weil die gleichzeitige Kampfansage an die Sozialdemokratie und ihre jugendlichen Anhänger den Klassencharakter der Staatsgewalt enthüllte, sich die staatliche Jugendpflege gleichsam selbst diskreditierte.[11] So begegneten die Reichs- wie Landesbehörden der wachsenden Arbeiterjugend, deren Werden sich bisweilen ohne organisatorische Unterstützung durch die Sozialdemokratische Partei und der Gewerkschaften vollzog und die sich zunehmend antimilitaristisch ausrichtete,[12] mit repressiven Maßnahmen. Mit der öffentlichkeitswirksamen Verurteilung der Vorbild- und Führungsfigur der proletarischen Jugend, Karl Liebknecht, zu anderthalb Jahren Festungshaft durch das Reichsgericht wegen Veröffentlichung seiner »staatsgefährdenden« Schrift »Militarismus und Antimilitarismus unter besonderer Berücksichtigung der internationalen Jugendbewegung« im Oktober 1907 hatten sie ein erstes Zeichen gesetzt. Ein schwerer Schlag für die Arbeiterjugend war schließlich die Novellierung des Reichsvereinsgesetzes im April 1908, das Jugendlichen bis zur Vollendung des 18. Lebensjahres die Mitgliedschaft in politischen Vereinen und die Teilnahme an politischen Versammlungen verbot. Dies machte eine »konfliktträchtige Neuorganisation«[13] der regionalen wie lokalen Jugendgruppen notwendig. Die Sozialdemokratische Partei nutzte die Gelegenheit, um auf dem Nürnberger Parteitag im selben Jahr die bis dato unabhängige proletarische Jugend organisatorisch enger an Partei und Gewerkschaft anzubinden. Für die Jugendarbeit wurden Ausschüsse gebildet, denen Vertreter von Partei, Gewerkschaft und Jugend in gleicher Zahl angehörten. Die von der »Zentralstelle für die arbeitende Jugend in Deutschland« herausgegebene Zeitschrift »Arbeiter-Jugend« sollte die überregionale Verbindung der Jugendausschüsse sicherstellen.[14]

Dies alles geschah gegen den Willen des linken Parteiflügels und Teilen der proletarischen Jugend. Einer der hartnäckigsten Widersacher gegen diese Einschränkung der Selbstbestimmung und organisatorischen Eigenständigkeit war der 1908 gegründete »Dresdner Jugendbildungsverein«. Wie auch andere linke Jugendgruppen kritisierte er, dass die eigene, die sozialdemokratische Jugendpflege, zu gemäßigt agiere, den politischen Diskurs vernachlässige und zu einem reinen Unterhaltungsbetrieb herabsinke.[15] Vielmehr müsse das vom »nationalen Lager« veranstaltete »Kesseltreiben zum Einfangen der arbeitenden Jugend«[16] bekämpft, eine klar antimilitaristische Position bezogen und ein enger Kontakt zur »Jugend-Internationale« hergestellt werden.[17] Mit solchen Parolen war der Verein bei der Dresdner Jugend äußerst erfolgreich. Von 1908 bis 1914 wuchs seine Mitgliederzahl von 130 auf 4000 an. Insgesamt entstanden in der Residenzstadt und der näheren Umgebung 30 Gruppen.[18] Das vom Verein herausgegebene Mitteilungsblatt »Jugendruf«, das seit 1912 erschien und mit Beginn des Krieges der Zensur zum Opfer fiel, hatte 1913 nach eigenen Angaben eine Auflagenhöhe von 65 000 Exemplaren.[19] Damit hatten sich in Dresden zwei parallel agierende sozialdemokratische Jugendorganisationen etabliert. »Freie und gewerkschaftliche Jugend arbeiteten vollkommen getrennt«, beklagte sich die» Arbeiter-Jugend« und beschwor eine einheitliche Organisation.[20] Immerhin kam es zwar Anfang 1914 zu einer »losen Kartellierung« zwischen dem Jugendbildungsverein und sieben der in Dresden bestehenden gewerkschaftlichen Jugendinspektionen unter der Bezeichnung »Vereinigte Dresdner Arbeiterjugend«.[21] Doch die Differenzen blieben nur solange beigelegt, als sich auch die Arbeiterjugend nach Kriegsbeginn hinsichtlich der veränderten politischen Situation positionieren musste.

2.

Bis 1914 erfasste die bürgerliche Jugendpflege und ihre Organisation beinahe jeden Landstrich des Deutschen Reiches. Die vormilitärische Ausbildung funktionierte unter dem Dach des Jungdeutschlandbundes in der gewünschten Weise. Dennoch gelang es nicht, die proletarische Jugend für sich zu gewinnen; der Auf- und Ausbau der sozialdemokratischen Jugendorganisation war nicht aufzuhalten. Das intentierte Ziel der Jugendpflege, eine potentielle sozialdemokratische Unterwanderung des Militärs auszuschließen, war gescheitert. Deshalb unternahm das preußische Kriegsministerium seit 1913 immer wieder Versuche, die vormilitärische Ausbildung auf dem Gesetzeswege für jeden Jugendlichen zwischen dem 15. und 20. Lebensjahr verbindlich festzulegen. Auf diese Weise sollten auch jene, »die unter antimilitaristischem Einflusse aufwachsend, in staatsfeindlichem, vaterlandslosem und antimilitaristischem Geiste«[22] erzogen würden, erfasst werden. Am 28. Juli 1914 legte der Kriegsminister dem preußischen Staatsministerium einen entsprechenden Gesetzesentwurf vor. Dessen Beratung wurde aber gestoppt, nachdem die sozialdemokratische Reichstagsfraktion den Kriegskrediten zugestimmt hatte und der Burgfrieden verkündet worden war. Statt dessen folgten nun Appelle an das »Ehrgefühl« der gesamten Jugend, sich »mit ganzer Kraft dem Vaterlande zur Verfügung zu stellen« und sich durch freiwillige Teilnahme an der vormilitärischen Ausbildung zu beteiligen, um ihren Beitrag zu Deutschlands »Verteidigung« zu leisten.[23] »Erstmals schien sich die Möglichkeit der ›Nationalisierung‹ großer Teile der sozialistischen Arbeiterjugend zu bieten.«[24] Ab September setzte eine alle gesellschaftliche Schichten erfassende Mobilisierungswelle ein. Getragen von den militärischen Erfolgen an der Westfront im September und Oktober entstand schnell ein von Vereinen und Verbänden geknüpftes engmaschiges Netz von sogenannten »Jugendkompanien«. In Dresden entstanden 55 solcher Kompanien, denen sich über 5000 »Jungmannen« anschlossen.[25] Nach den Vorstellungen des Kriegsministeriums sollten mit Hilfe der Kompanien möglichst alle Jugendlichen ab dem 16. Lebensjahr erfasst und einer militärischen Vorausbildung inklusive Schusswaffenausbildung unterzogen werden, um geschulten Heeresnachwuchs zu gewährleisten. Doch schon Ende 1914 war erkennbar, dass der Plan einer »totalen Erfassung« scheitern würde.[26] Die Begeisterung der ersten Kriegswochen, mit der die bürgerliche Jugend an den Aufbau der Jugendkompanien gegangen war,[27] flaute rasch ab. Aufgrund der zunehmenden Einberufungen fehlten immer öfter kompetente Ausbilder; das Niveau des Unterrichts ging zurück. Schließlich

Titelblatt Jugendruf (Ausschnitt)

– und das wog am schwersten – verweigerten die Arbeiterturnvereine und sozialdemokratischen Jugendausschüsse ihre Mitarbeit an den Jugendkompanien.[28]

In der Sozialdemokratischen Partei und ihren Organisationen war die Frage, wie man sich gegenüber der vormilitärischen Ausbildung positionieren sollte, äußerst umstritten. Die »Zentralstelle für die arbeitende Jugend« schwenkte nach kurzem Zögern auf die Kriegsunterstützungspolitik der SPD-Reichstagsfraktion ein. Ausdruck fand diese Haltung in einer zunehmenden Mythifizierung des Krieges in ihrem Presseorgan »Arbeiter-Jugend«. Auch als die Zentralstelle im Laufe des Krieges bei der Jugend immer mehr an Rückhalt verlor und die Abonnentenzahl ihres Blattes stark rückläufig war, rückte sie in der Hauptsache nicht von dieser Position ab.[29] Wiederholt erklärten die Akteure des rechten Parteiflügels, nur über eine aktive Beteiligung bei der militärischen »Verteidigung« könne die Arbeiterbewegung endlich die ihr gebührende Anerkennung erfahren und in für sie bisher verschlossene gesellschaftliche Sphären wie das Militär vordringen, um von dort aus langfristig auf eine Demokratisierung des Herrschaftssystems hinzuwirken. Da die vormilitärische Ausbildung die Abenteuerlust der Jugendlichen befriedige, liefe die Sozialdemokratische Partei zudem Gefahr, sich durch eine Ablehnung dieses Vorbereitungsdienstes der Jugend zu entfremden.[30] Genau im gegenteiligen Sinne argumentierte die Parteilinke. Ihrer Meinung nach würde sich die Arbeiterjugend gerade bei einer Beteiligung an dem bürgerlichen »Kriegsspiel« zunehmend von der Bewegung abwenden, da jahrelange Ideale, Ideen und Ziele stark verwässert würden. Eben darauf ziele nämlich die Öffnung des Militärs gegenüber der proletarischen Jugend ab: Mit der allmählichen Integration der Arbeiterjugend werde das Ausgreifen der sozialdemokratischen Bewegung gebändigt und ihr revolutionäres Potential wesentlich abgeschwächt. Aufgrund der starken Dominanz des Jungdeutschlandbundes sei ein politischer Missbrauch der Jugendwehren nicht auszuschließen.[31]

Ein ambivalentes Verhältnis zur militärischen Vorbildung herrschte auch in den Regional- und Lokalorganisationen der sozialdemokratischen Jugendorganisation. Hier war die Bereitschaft zur Kooperation mit den Jugendkompanien im Wesentlichen abhängig von den Erfahrungen mit dem Obrigkeitsstaat während des Sozialistengesetzes und der Repression infolge des Reichsvereinsgesetzes. Während zum Beispiel in Schleswig-Holstein der dortige Bezirksjugendausschuss im August 1914 seine Mitarbeit an der »Wehrhaftmachung der Jugend« ohne Einschränkungen ankündigte, zeigte die Arbeiterjugend im Königreich Sachsen kaum Entgegenkommen. Zu präsent waren noch die Repressalien der sächsischen Staatsregierung gegen die starke Landesorganisation, als dass die vagen Versprechen – Abbau von Schikanen und Restriktionen gegenüber der Sozialdemokratie – eine Beteiligung an der vormilitärischen Ausbildung in Aussicht gestellt hätten.[32] Vielmehr begannen bei der sozialdemokratischen Jugend ab Ende 1914 Stimmen gegen den Krieg laut zu werden. Die Berner Konferenz um Ostern 1915 war ein erster Schritt zur Zusammenfassung der oppositionellen Kräfte in der Arbeiterjugend. Die Anwesenden erklärten in einer Resolution den Krieg als gegen die Interessen der Arbeiter gerichtet und die Burgfriedenspolitik als einen Verrat an den Idealen des Proletariats.

Die Konferenz von Bern blieb nicht ohne Folgewirkung. Wie in anderen Städten des Deutschen Reiches fanden sich am 1. Mai 1915 auch im Plauenschen Grund am Stadtrand von Dresden erstmals Jugendliche zu Antikriegsdemonstrationen zusammen.[33] Der Dresdner Jugendbildungsverein trat mit dem Vertrieb der »Jugend-Internationale« in der Öffentlichkeit verstärkt gegen die Zentralstelle auf. Die »Arbeiter-Jugend« hatte in der Residenzstadt kaum noch Einfluss; ihre Abonnentenzahlen tendierten in einigen Stadtteilen gegen Null. Auf der Jenaer Jugendkonferenz Ostern 1916, die parallel zur Reichskonferenz der Spartakusgruppe in Berlin im März des Jahres stattfand, war der Dresdner Verein mit Linkssozialisten und Spartakisten wie Anni Colditz, Anna Fremder, Hermann Fiedler, Margarete Just, Erich und Felix Lewinsohn sowie Otto Rühle erstmals auf einer größeren politischen Bühne vertreten.[34] Hier bekannte sich die oppositionelle Arbeiterjugend mit Nachdruck zu Antimilitarismus und internationalem Klassenkampf

»Vaterländische Festspiele« des Dresdner Jugendbundes um 1915

und vollzog somit – analog zur Spaltung der Partei – den Bruch mit der Zentralstelle. Der Dresdner Jugendbildungsverein sagte sich endgültig von der Zentralstelle los, als nach einem offenen Streit mit dem Parteisekretär des 6. Wahlkreises, Hermann Kahmann, alle Jugendheime des Vereins geschlossen wurden.[35] Die Jugendopposition nahm daraufhin an Fahrt auf. Unter dem Dach der Dresdner Ortsgruppe der USPD festigte sich die teilweise lose Organisationsform, man nahm verstärkt an Demonstrationen teil, verteilte Flugblätter und initiierte Streiks.[36] Selbst der stets um eine Bagatellisierung der Spaltung bemühte Karl Korn musste zugeben, dass die »Hochburgen der Bewegung wie Berlin, Leipzig, Hannover, Dresden« in kürzester Zeit »mit Sack und Pack zur Opposition hinübergewechselt« waren.[37]

Im Zentrum der außerparlamentarischen Opposition in der Elbestadt stand dabei die umtriebige Familie Lewinsohn. Erich und Felix Lewinsohn entfalteten eine rege publizistische Tätigkeit. In einer Vielzahl von Artikeln forderten sie, das »Mordhandwerk« und den »kapitalistischen Raubzug« der »bürgerlichen Klasse« endlich zu stoppen.[38] Mit zunehmender Dauer des Krieges wurden ihre Positionen radikaler. Die Brüder schlossen sich später den von Otto Rühle geführten Internationalen Kommunisten Deutschlands (IKD) an und übernahmen zeitweilig die Redaktion des Dresdner »Kommunist«.[39] Ihre Mutter, Auguste Lewinsohn aus der linkssozialistischen Frauenbewegung, organisierte die verdeckten Treffen der Dresdner Jugendgruppe.[40] Ihr Haus war zudem Umschlagplatz für illegale Flugblätter und indizierte Zeitungen.[41] Die umfassendste Aktion plante

Erich Lewinson um 1916

der Jugendbildungsverein Anfang September 1917. In einem äußerst scharf verfassten Flugblatt, das in der sächsischen Residenzstadt in einer Stückzahl von 4000 in Umlauf gebracht wurde, rief die sozialistische Jugend gemeinsam mit den unabhängigen Sozialdemokraten zur Gewalt gegen die Gewalt und zum Generalstreik während des Sedantages am 2. September auf.[42] Gegen diese offene Provokation und Gefährdung der inneren »Ruhe und Ordnung« ging das stellvertretende Generalkommando kompromisslos vor. Insgesamt 32 Personen wurden verhaftet und in die Arrestanstalt am Münchner Platz verbracht. Nach über einem halben Jahr Haft unter miserabelsten Bedingungen im »Münchner Schloss« wurde den Jugendlichen im März 1918 vor dem Reichsgericht in Leipzig der Prozess gemacht. Zwölf der Angeklagten erhielten Haftstrafen von zusammen 20 Jahren Zuchthaus und über neun Jahren Gefängnis. Erich Lewinsohn traf es am härtesten; er wurde zu acht Jahren Zuchthaus verurteilt.[43] Damit war die im Jugendbildungsverein versammelte sozialistische Jugendopposition in der sächsischen Elbestadt zerschlagen. Die rechtssozialistisch-gewerkschaftliche »Vereinigte Arbeiterjugend Dresden« dagegen genoss als gemäßigte und politisch integrativ wirkende Jugendorganisation die Rückendeckung des Militärbefehlshabers.[44]

3.

Die »Nationalisierung« der proletarischen Jugend durch ihre Einbindung in die vormilitärische Ausbildung hatte sich spätestens Ende 1915 als Illusion erwiesen. Vielmehr schärfte die gezielte Militarisierung der Jugendlichen das antimilitaristische Profil zumindest der organisierten Arbeiterjugend. Die Bändigung potentieller Unruhestifter war fehlgeschlagen. Statt dessen sahen sich die staatlichen Behörden nun mit einer sozialistischen Jugendopposition konfrontiert. Die bürgerliche Jugend auf der anderen Seite verlor das Interesse an den Jugendkompanien. Denn die Kompanieführer richteten den Unterricht streng an militärischen Ausbildungsrichtlinien aus. Aus der Lagerfeuerromantik der Wandervögel wurden militärischer Drill, Disziplin und Gehorsam. Kaum jemand wollte sich nach der Schule freiwillig noch solchen Strapazen aussetzen. Insbesondere dann nicht, wenn man, wie eine Vielzahl von Jugendlichen der sozialen Unter- und Mittelschicht, noch durch eigene Arbeit den Lebensunterhalt für die Familie mitverdienen musste.

Auch organisatorisch drohte die militärische Jugendvorbildung zu scheitern. Die Jugendpflegevereine als ausführende Organe der Wehrertüchtigung steckten seit Beginn des Krieges in einer Krise. Der staatliche Jugendpflegeapparat drohte zu zerfallen. Nicht nur der Mitgliederschwund belastete die Vereine, sondern vor allem finanzielle Nöte machten die Durchführung der vormilitärischen Ausbildung vielfach unmöglich: staatliche Beihilfen stagnierten, private Spenden blieben aus, es herrschte Ausbildermangel, Übungsmaterialien fehlten, die Kommunikation zwischen den Vereinen kam zum Erliegen.[45] Ende 1916 richtete der Landesausschuss für Jugendpflege im Königreich Sachsen schließlich ein Gesuch an die sächsische Staatsregierung, das auf eine »verbindliche Heranziehung zu Leibungsübungen« abzielte und eine angemessene staatliche Zuwendung für die Ertüchtigung der deutschen »Wehrkraft« forderte.[46] Doch nicht nur die sächsischen Jugendpflegevereine setzten auf eine Neuausrichtung der vormilitärischen Ausbildung. Das preußische Kriegsministerium drängte erneut auf eine reichsgesetzliche Regelung. Denn aus militärischen Erwägungen war die vormilitärische Ausbildung dringender denn je notwendig. Das Massensterben in den Schützengräben machte die Rekrutierung von immer jüngeren Soldaten notwendig. Seit dem Hilfsdienstgesetz von Dezember 1916 waren bereits Siebzehnjährige dienstpflichtig. Die vierwöchige Ausbildung, die ein Wehrpflichtiger nach seiner Einberufung zu absolvieren hatte, bereitete diesen nur unzulänglich auf den Einsatz an der Front vor. Deshalb sollte ein mögliches Reichsjugendwehrgesetz – anknüpfend an die Pläne von 1913 – jeden Jugendlichen im wehrfähigen Alter einer vormilitärischen Ausbildung unterwerfen. Bis ein solches Gesetz auf den Weg gebracht sein würde, wollten die Militärstellen Freiwillige durch eine neue Propagandastrategie gewinnen. Nicht mehr der uneigennützige Dienst für das Vaterland stand im Mittelpunkt, sondern die sich ergebenden persönlichen Vorteile wurden betont. Wer sich zum Beispiel freiwillig und regelmäßig an den wöchentlich ausgetragenen Wehrübungen beteiligte, hatte freie Wahl des Truppenteils bei der Waffengattung. Flankierend zu Anreizen dieser Art sollte in den Volks- und Fortbildungsschulen die ideologische Indoktrination der Schüler forciert werden.[47]

Eine Verabschiedung des Reichsjugendwehrgesetzes noch während des Krieges war jedoch ausgeschlossen. Die in der Öffentlichkeit rege diskutierten Konzepte eines solchen Pflichtdienstes waren kaum miteinander zu vereinbaren.[48] Die konfessionellen Vereine sahen ihren Einfluss auf die Jugend durch eine staatliche Zwangsausbildung schwinden und befürworteten deshalb ein Modell, in dem der Staat die vormilitärische Ausbildung der landsturmpflichtigen Jugendlichen (ab 17 Jahre) übernahm, während sich die auf Vertrauen und Freiwilligkeit basierende Jugendpflege der jüngeren Jugend annehmen wollte. Die bürgerliche Turnerschaft wiederum legte Wert auf eine rein sportliche Ertüchtigung, um den Zwangscharakter der Ausbildung für die Jugend erträglicher zu machen.[49]

Die Sozialdemokratie verfolgte ein eigenes militärisches Reformprogramm. Die »richtige Lösung der Wehrfrage mit Hilfe der Jugenderziehung« war für sie eine »wichtige Voraussetzung für die demokratische Zukunft der menschlichen Gesellschaft«.[50] Bei ihrem Konzept einer »Erziehung zur Wehrhaftigkeit« trat die militärische Ausbildung hinter die »harmonische Entwicklung aller körperlichen, geistigen und seelischen Kräfte« zurück.[51] Eine reichsgesetzliche Fixierung der vormilitärischen Ausbildung war für die SPD nur bei einer erheblichen Verkürzung des aktiven Dienstes und einer allgemeinen Demokratisierung des Heeres tragbar. Solche Ansätze zur Bildung eines Milizheeres waren für das Kriegsministerium und die bürgerlichen Parteien inakzeptabel.[52] Wegen dieser »Kompliziertheit des Interessenausgleichs«[53] sah man von der Beratung einer Gesetzesvorlage im Reichstag ab. Die Risse im sozialen Burgfrieden sollten durch eine möglicherweise kontroverse innenpolitische Auseinandersetzung nicht unnötig weiter vertieft werden.

Auch in kriegswirtschaftlicher Hinsicht geriet die Zwangsausbildung der Jugendlichen zwischen die Fronten. Es war gerade die 3. Oberste Heeresleitung, die mit dem sogenannten »Hindenburg-Programm« zum einen die Produktion von Kriegsbedarf in Hochleistungsbetrieben forcierte und hierfür den Einsatz jeder verfügbaren Arbeitskraft forderte. Zum anderen drängte die Heeresführung aber zugleich auf eine bessere vormilitärische Ausbildung. Im Bereich des sächsischen stellvertretenden Generalkommandos war das reguläre Rekrutenkontingent bereits Ende 1915 vollständig eingezogen. Mangelte es schon mit dem Zurückgreifen auf Ungediente, Geringtaugliche oder ältere Jahrgänge immer öfter an militärischem Sachverstand, so sollten wenigstens die Jugendlichen eine Grundausbildung erfahren.[54] Auf die von den Militärs geschätzte Belastungs- und Leistungsfähigkeit der Jugend blieben aber zugleich auch die kriegswirtschaftlichen Unternehmen unbedingt angewiesen. 1918 waren 10,4 Prozent der in sächsischen Betrieben beschäftigten Arbeiter Jugendliche zwischen 14 und 16 Jahren.[55] Nicht nur dieser unauflösbare Widerspruch, sondern die Diskussion um ein Reichsjugendwehrgesetz insgesamt macht deutlich, dass der Anspruch des Militärs auf Indienstnahme der Jugend fast total war.[56] Unter den verschärften Bedingungen einer restlosen wirtschaftlichen wie militärischen Mobilisierung musste die Jugend in allen Bereichen ihres Lebens – Schule, Arbeit, Freizeit – über sich verfügen lassen. Aus dem einstigen Engagement des Staates wurde im Krieg eine Pflicht für die Jugend. Im Ersten Weltkrieg blieb es lediglich bei einem Anspruch auf uneingeschränkte Indienstnahme der Jugend. Das Reichsjugendwehrgesetz wurde auf die Nachkriegszeit verschoben und blieb auch nach der Zäsur von 1918 nicht aufgehoben. Im Dritten Reich sollte es die »Hitlerjugend« sein, die den totalen Zugriff auf die Jugend mit Erfolg durchführte.[57]

Anmerkungen

1 Dieser Beitrag ist ein Auszug aus der noch unveröffentlichten Dissertation von Carsten Schmidt, Zwischen Burgfrieden und Klassenkampf. Sozialpolitik und Kriegsgesellschaft in Dresden 1914–1918, MS Dresden 2007.

2 Klaus Saul, Der Kampf um die Jugend zwischen Volksschule und Kaserne. Ein Beitrag zur »Jugendpflege« im Wilhelminischen Reich 1890–1914, in: Militärgeschichtliche Mitteilungen 9 (1971), S. 97–143; Christoph Schubert-Weller, »Kein schöner Tod…« Die Militarisierung der männlichen Jugend und ihr Einsatz im Ersten Weltkrieg 1890–1918, Weinheim 1998, S. 157–171; Christa Hasenclever, Jugendhilfe und Jugendgesetzgebung seit 1900, Göttingen 1978, S. 36–41.

3 Ewald Frie, Wohlfahrtsstaat Sachsen? Das Königreich und Preußen im Vergleich, in: Simone Lässig/Karl Heinrich Pohl (Hg.), Sachsen im Kaiserreich. Politik, Wirtschaft und Gesellschaft im Umbruch, Dresden 1997, S. 360–369; ders., Wohlfahrtsstaat und Provinz. Fürsorgepolitik des Provinzialverbandes Westfalen und des Landes Sachsen 1880–1930, Paderborn 1993, S. 169f.

4 Fritz Eckardt, Die Vorbereitung auf den Heeresdienst und die Ertüchtigung der Jugend, in: Sachsen in großer Zeit. Gemeinverständliche sächsische Kriegsgeschichte und vaterländisches Gedenkwerk des Weltkrieges in Wort und Bild, Band 2, bearb. von Artur Baumgarten-Crusius, Leipzig 1919/20, S. 413–436, hier S. 417.

5 Bericht über die Tätigkeit des Landesausschusses für Jugendpflege im Königreich Sachsen und der ihm angeschlossenen Ausschüsse und Landesverbände bis Ende 1912, [Dresden 1913], S. 13f.

6 Saul, Der Kampf um die Jugend, S. 114.

7 Siehe dazu weiterführend Gudrun Fiedler, Jugend im Krieg. Bürgerliche Jugendbewegung, Erster Weltkrieg, sozialer Wandel 1914–1923, Köln 1989, S. 23–36; Walter Z. Laqueur, Die deutsche Jugendbewegung. Eine historische Studie, Köln 1962; Karl O. Paetel, Jugendbewegung und Politik. Randbemerkungen, Bad Godesberg 1961.

8 Schubert-Weller, Militarisierung, S. 172–193.

9 Eckardt, Die Vorbereitung auf den Heeresdienst, S. 416.

10 Frie, Wohlfahrtsstaat Sachsen, S. 364–367.

11 Saul, Der Kampf um die Jugend, S. 110.

12 Martin Stadelmeier, Zwischen Langemarck und Liebknecht. Arbeiterjugend und Politik im Ersten Weltkrieg, Bonn 1986, S. 28, 35.

13 Ebd., S. 33.

14 Ebd., S. 34f.

15 Vgl. Erich Eberts, Arbeiterjugend 1904–1945. Sozialistische Erziehungsgemeinschaft, politische Organisation, Frankfurt am Main 1979, S. 38f.

16 Jugendruf 2 (1913), Nr. 1, S. 1.

17 Vgl. Rolf Otte, Sie mögen alle Hunde hetzen… Die Dresdner Arbeiterjugend im Kampf gegen das Reichsvereinsgesetz und den Ersten Weltkrieg (1906–1918), Dresden 1958, S. 23f.

18 Ebd., S. 32.

19 Jugendruf 2 (1913), Nr. 5, S. 1.

20 Arbeiter-Jugend 6 (1914), Nr. 17, S. 343.

21 Ebd.

22 Geheimschreiben des preußischen Kriegsministeriums an den Reichskanzler betr. militärische Vorbereitung der Jugend vom 3.10.1913 (auszugsweise abgedruckt in Saul, Kampf um die Jugend, S. 135–138, hier S. 136).

23 Sächsischer Wehrübungserlaß vom 8.9.1914 (abgedruckt in Eckardt, Vorbereitung auf den Heeresdienst, S. 419).

24 Klaus Saul, Jugend im Schatten des Kriegs. Vormilitärische Ausbildung, kriegswirtschaftlicher Einsatz, Schulalltag in Deutschland 1914–1918, in: Militärgeschichtliche Mitteilungen 34 (1983), S. 91–184, hier S. 95.

25 Eckardt, Vorbereitung auf den Heeresdienst, S. 422.

26 Saul, Jugend im Schatten, S. 96 f.

27 Gerhard Ille, »Von anderer Art gibt's jetzt 'ne Fahrt!«
    Die bürgerliche Jugendbewegung an der Schwelle
    des Ersten Weltkriegs, in: August 1914, S. 49–59.

28 Schubert-Weller, Militarisierung, S. 284 ff.

29 Stadelmaier, Zwischen Langemark, S. 59–67; Wella
    Henker, Unsere Maifeiern während des Krieges, in:
    Unter der Fahne der Revolution. Die Dresdner Arbei-
    ter im Kampf gegen den 1. Weltkrieg. Die Novem-
    berrevolution und die Gründung der KPD in Dresden
    (1914–1919), hg. vom Museum für Geschichte der
    Dresdner Arbeiterbewegung, Dresden 1959, S. 70 f.

30 Saul, Jugend im Schatten, S. 97 f.

31 Vgl. ebd., S. 97.

32 Ebd., S. 98 f.

33 Stadelmaier, Zwischen Langemark, S. 70–73.

34 Dieter Fricke, Handbuch zur Geschichte der deut-
    schen Arbeiterbewegung 1869 bis 1917, Band 1,
    Berlin (Ost) 1987, S. 489.

35 Otte, Dresdner Arbeiterjugend, S. 47 f.

36 Eberts, Arbeiterjugend, S. 45.

37 Karl Korn, Die Arbeiterjugendbewegung. Einführung
    in ihre Geschichte, Berlin 1922, S. 367.

38 Hier Felix Lewinsohn, Eine Maidemonstration der
    Dresdner sozialistischen Jugend im dritten Kriegsjahr,
    in: Jugend-Internationale, Nr. 10, 1917.

39 Hans Manfred Bock, Syndikalismus und Linkskom-
    munismus von 1918–1923. Zur Geschichte und
    Soziologie der Freien Arbeiter-Union Deutschlands
    (Syndikalisten), der Allgemeinen Arbeiter-Union
    Deutschlands und der Kommunistischen Arbeiter-
    Partei Deutschlands, Meisenheim am Glan 1969,
    S. 101, Anmerkung 57.

40 Vgl. Bericht der Polizeidirektion Dresden an die Kreis-
    hauptmannschaft Dresden vom 6. 8. 1917 (SächsH-
    StA Dresden, 10736, MdI, Nr. 11072, Bl. 86 f.).

41 Vgl. Erich Lewinsohn, Haussuchungen bei »Mutter
    Auguste«, in: Unter der Fahne der Revolution, S. 69.

42 Bericht der Polizeidirektion Dresden an das sächsi-
    sche Ministerium des Innern vom 23. 8. 1917

(SächsHStA Dresden, 10736, MdI, Nr. 11072, Bl. 99–
118); Horst Dörrer, Die Dresdner Arbeiter im Kampf
gegen den 1. Weltkrieg. Die Novemberrevolution
und die Gründung der KPD in Dresden, in: Unter der
Fahne der Revolution, S. 7–64, hier S. 24 ff.

43 Ernst Lorenz, Fünf Jahre Dresdner USP. Eine rück-
    schauende Betrachtung anläßlich des fünfjährigen
    Bestehens der Partei, Dresden 1922, S. 27 ff.

44 Peter Mertens, Zivil-militärische Zusammenarbeit im
    Ersten Weltkrieg. Die »Nebenregierungen« der Mili-
    tärbefehlshaber im Königreich Sachsen, Leipzig
    2004, S. 369.

45 Saul, Jugend im Schatten, S. 106.

46 Vgl. Mitteilungen des Landesausschusses für Jugend-
    pflege im Königreich Sachsen 1916, Nr. 23, S. 16–
    23.

47 Saul, Jugend im Schatten, S. 102–106. Zu den Wehr-
    übungen in Sachsen siehe Eckardt, Vorbereitung auf
    den Heeresdienst, S. 419–427. Weiterführend siehe
    auch Lothar Binger, »Ein tiefer Sinn im kindischen
    Spiel.« Sozialisation im Krieg, in: August 1914. Ein
    Volk zieht in den Krieg, hg. von der Berliner
    Geschichtswerkstatt, Berlin 1989, S. 38–48, sowie
    Stéphane Audoin-Rouzeau, Die mobilisierten Kinder.
    Die Erziehung zum Krieg an französischen Schulen,
    in: Gerd Hirschfeld u. a. (Hg.), »Keiner fühlt sich hier
    mehr als Mensch...« Erlebnis und Wirkung des Ersten
    Weltkriegs, Essen 1993, S. 178–204.

48 Ausführlich dazu Schubert-Weller, Militarisierung,
    S. 288–311.

49 Saul, Jugend im Schatten, S. 107 f.

50 Dresdner Volkszeitung vom 23. 7. 1915.

51 Arbeiter-Jugend 8 (1916), Nr. 6, S. 42.

52 Saul, Jugend im Schatten, S. 109.

53 Ebd., S. 106.

54 Vgl. Mertens, Zusammenarbeit, S. 465.

55 Ebd., S. 63.

56 Schubert-Weller, Militarisierung, S. 340.

57 Ebd., S. 354.

Andreas Peschel

Die Bündische Jugend

In der Zeit des Kaiserreichs bestimmten viele Einschränkungen das Leben der Jugendlichen: enge Kleidung, verkrampfter Umgang mit dem anderen Geschlecht und steife Gesellschaftsformen. So geriet die Jugend zwangsläufig in Konflikt mit dem Althergebrachten und fand schließlich um die Jahrhundertwende neue Formen, ihr eigenes Leben zu gestalten. Ausgehend von dem 1901 gegründeten »Wandervogel« entfaltete sich die Idee der Jugendbewegung im ganzen Reich und sollte zu einer der wichtigsten geistigen Grundlagen der Bündischen Jugend werden.[1]

Durch den englischen »Boy Scout« angeregt, kam es 1911 unter Federführung des Stabsarztes Alexander Lion und des Hauptmanns Maximilian Bayer zur Gründung des »Deutschen Pfadfinderbundes« (DPB).[2] Dieser brachte neue Komponenten in die Jugendbewegung ein: Betonung des Gemeinschaftsgefühls, straffe und militärische Organisation sowie einheitliche Kleidung. Als Tagungsort des ersten Pfadfindertags wählte man im Juli 1911 Dresden, wo sich 270 Jugendliche versammelten. Die Anwesenden beschlossen die sogenannten Dresdner Grundsätze, die z.B. besagten, dass Stand und Glaubensbekenntnis für die Aufnahme in den Jugendbund nicht maßgebend seien.[3]

Während des Ersten Weltkriegs leisteten die Jugendlichen viele Hilfsdienste. Die Leipziger Pfadfinder absolvierten z.B. Ordonnanzdienste, Schutzdienste für Fernverkehrswege, Fernsprech- und Telegraphenleitungen, Wach- und Botendienste und Hilfe beim Roten Kreuz.[4] Viele der Jugendlichen meldeten sich freiwillig und mit Begeisterung zur Armee, in den harten und verlustreichen Kämpfen wurden sie dann mit der ganzen Wirklichkeit des modernen Kriegs konfrontiert.

Nach dem Krieg entwickelten die Jugendgruppen verschiedene Ansätze, nach denen eine Veränderung der Gesellschaft bewirkt werden sollte. Die Bereitschaft zur Einordnung in eine Gemeinschaft fand weithin Zuspruch, viele Jugendliche fühlten ihre Zusammengehörigkeit im geordneten und geformten Bewusstsein, welches sich durch militärähnliche Formen wie Gruß, Tracht, Einteilung in Gruppen, Abzeichen, Aufnahme und Prüfung ausdrückte. Das volkliche Denken der Jugendbewegung verknüpfte sich mit dem staatlichen Denken der Pfadfinder in der Bündischen Jugend.[5]

Ausgehend vom sächsischen Pfadfindertag 1919 in Pirna entstand eine Erneuerungsbewegung, die 1920 in der Gründung einer »Ringgemeinschaft« unter Leitung des ehemaligen Husarenoffiziers Hans Fritzsche innerhalb des DPB mündete.[6] Nach der Bundestagung des DPB 1922 in Bad Sachsa schied der »Bund Deutscher Ringpfadfinder« (BDR) im Streit um die Forderung nach Auslese und elitärer Gesinnung aus dem DPB aus.[7]

Im Herbst 1924 entzogen die Gaue Hans Fritzsche das Vertrauen, die Bundesleitung übernahm Hans Puttfarcken, der die Einigungsbewegungen der verschiedenen Pfadfinderbünde vorantrieb. Am 13. Dezember 1925 schlossen sich der BDR und der »Bund Deutscher Neupfadfinder«[8] (BDN) zum »Großdeutschen Pfadfinderbund« zusammen. Als dieser 1926 mit dem »Altwandervogel« und dem »Wandervogel Deutscher Jugendbund« zum »Bund der Wandervögel und Pfadfinder« (später »Deutsche Freischar«) zusammenging, spaltete sich der BDR unter dem Namen »Ringgemeinschaft Deutscher Pfadfinder« (RDP) Pfingsten 1926 erneut ab, diesmal unter der Führung Hans Riedels.[9]

Um nach der Machtergreifung der Nationalsozialisten ihre Eigenständigkeit bewahren zu können, sammelten sich im April 1933 der DPB, die »Deutsche Freischar« und weitere Bünde unter der Führung von Adolf Lebrecht von Trotha im »Großdeutschen Bund«, der über 50 000 Jugendliche umfasste. Dieser wollte zu Pfingsten 1933 seinen Bundestag in Dresden abhalten. Mit Unterstützung der Reichswehr sollte das Treffen auf dem Standortübungsplatz »Heller« durchgeführt werden, doch Gauleiter Martin Mutschmann verbot dies kurzfristig. Nach Munster verlegt, versammelten sich dort über 15 000 Jungen und Mädchen aus ganz Deutschland und Österreich und feierten ihre letzte Großveranstaltung.[10] Im Zuge der Gleichschaltung wurden schließlich alle Jugendbünde aufgelöst bzw. der Hitlerjugend angeschlossen.

Bündische Gruppen in Sachsen

Prof. Rosenhagen begründete 1911 die Dresdner Ortsgruppe des DPB, deren Mitglieder vorwiegend aus höheren Schulen wie der Dreikönigsschule kamen. 1912 waren es 165, ein Jahr später 162 Mitglieder. Die 1912 ins Leben gerufene Hellerauer Gruppe zerfiel bereits ein Jahr später wieder.[11] Eine 40 Mädchen umfassende Pfadfinnerinnengruppe gründete sich ebenfalls 1912 in Dresden, zur 1. Vorsitzenden wurde Frau von Otto, zur 2. Vorsitzenden Frau Rosenhagen und zu Schriftführerinnen Marie Merbitz und Helene Grube gewählt.[12]

Die »Landesmark Sachsen« des DPB konstituierte sich am 7. Dezember 1912, zum Landesfeldmeister erkor man Major von Heygendorff.[13] Die Landesmark unterteilte sich in neun Gaue, 1931 waren 1 500 Mitglieder aktiv.[14] Gauvogt Fritz Reinhold leitete den Gau Mark Meißen, dem der »Horst« Dresden zugeordnet war, der sich u.a. aus dem »Stamm Käuze« und dem »Stamm Heidenwölfe« zusammensetzte. Daneben bestanden im Gau Meißen weitere Einheiten: Pirna, Frauenstein, Stolpen, Heidenau, Zschachwitz und Klotzsche. Die sächsischen Pfadfinder trugen braune Hose und grünes Hemd, dazu grün-weiße Schnur.[15]

In Dresden entstand unter Führung Fritz Menzels im Dezember 1922 eine Abteilung des BDR, die im Januar 1923 mit sieben Mann ihre erste Übung abhielt. Diese bestanden

Hermsdorfer Pfadfinderlager um 1920

zum großen Teil aus mehrtägigen Wanderungen oder Geländespielen. Im Herbst 1924 übernahm Lothar von Wittern die Abteilung, die dann ab August 1925 Hans Bernhard Brauße führte, der den Ausbau der Gruppe vorantrieb: »Ich (Brauße, A. P.) legte großen Wert auf pfadfinderische Ausbildung und setzte entsprechenden Dienst an. Weiter lag mir daran, den Gedanken des Fähnleins als der Grundeinheit der Abteilung stärker zu betonen. Abteilungsgeist war zur Genüge vorhanden. Ich erhoffte vom Ausbau der Fähnlein reicheres inneres Leben. Die Hoffnung hat nicht getrogen.«[16] So zählte die Abteilung im Frühjahr 1926 30 und Anfang 1927 38 Mitglieder, die drei Fähnlein bildeten. Die weiteren Dresdner Abteilungsführer waren Heinz Kruse, Odo Walther Burmeister und Hans Neumann. Am 7./8. November 1931 fand in Klotzsche bei Dresden die Führertagung der RDP statt, die zu diesem Zeitpunkt bereits 700 Mitglieder aufwies. Ihre Erlebnisse veröffentlichten die Ringpfadfinder im »Jugendland«, die Führerzeitschrift hieß »Inter Pares«.[17]

Am 1. Mai 1920 gründete sich unter Leitung Fritz Riebolds[18] die »Tatgemeinschaft Sachsen« (TS). Ein Jahr später zählte sie 1000 Mitglieder. 2000 Hefte der Bundeszeitschrift »Auf neuem Pfad« wurden gedruckt, und in Dresden leistete man bis drei Uhr nachts Versanddienst.[19] Im Juni 1921 schloss man sich mit anderen Gruppen zur »Christlichen Pfadfinderschaft Deutschlands« zusammen. Diese umfasste im Frühjahr 1922 bereits 165 Trupps mit 3 000 Pfadfindern.[20] Der Gautag für Mittelsachsen fand 1923 auf Schloß Gauernitz statt. Im selben Jahr gab es mehrere Neugründungen: Dresden-Briesnitz, Dresden-Johannis, Dresden-Erlöser, Königstein und Kesselsdorf bei Dresden.[21] Eine Pfadfinderbereitschaft richtete man in Dresden ein, alle Kameraden mussten ihre Telefonnummern angeben, um sie so im Notfall schnell erreichen zu können. Anfang des Jahres 1920 versammelten sich vier junge Mädchen aus Dresden-Neustadt, die eine Pfadfinderinnengruppe begründeten. Nach und nach kamen weitere Mädchen hinzu, so dass im Frühjahr des Jahres 1921 die erste Tagung von Pfadfindern der TS mit Beteiligung einer Mädchengruppe auf Schloß Weesenstein abgehalten wurde. Im August 1921 erfolgten die erste Pfadfinderinnen-Ernennung und die erste Jungpfadfinderinnen-Aufnahme. Nach diesen Erfolgen suchten die Pfadfinderinnen Anlehnung an einen Verband, 1923 schloss man sich mit weiteren Gruppen zur »Tatgemeinschaft Christlicher Pfadfinderinnen Deutschlands« zusammen, als Bundesführerin fungierte Olga Riebold.[22]

Bruno Tanzmann[23] rief zusammen mit Wilhelm Kotzde, dem Führer der »Adler und Falken«[24], die »Artamanen« ins Leben. Die erste Gruppe entstand im April 1924 auf dem Gut Limbach bei Wilsdruff. Im gleichen Jahr arbeiteten 80 Mitglieder in zehn weiteren Gruppen in ganz Mitteldeutschland. Das erste Treffen fand in Proschwitz bei Meißen statt, der Bundestag 1929 auf Schloß Gauernitz. 1926 arbeiteten 650 Mitglieder auf 65 Gütern, 1927 bereits 1 200 auf 143 Gütern.[25]

Aktivitäten der Jugendgruppen

Im Juli 1914 erwarben die Pfadfinder oberhalb der Stadt Wehlen ein Grundstück mit einer Scheune, die als erstes sächsisches Landheim 15 Pfadfindern eine Übernachtungsmöglichkeit bot.[26] 1920 fand in Hermsdorf bei Dresden zum ersten Male in Sachsen ein Ferienaufenthalt der Pfadfinder statt. Kiefernbretter bildeten den Unterbau für ihre »Zelthütten«, Moosstreifen verstopften die Ritzen, die Zeltbahnen bildeten ein pyramidenförmiges Dach, von welchen die Pfadfinderfahne leuchtete. Freunde und Förderer leisteten Hilfe: ein Fabrikant aus dem benachbarten Ottendorf gab Bretter für die Hütten, der Pfarrer von Grünberg erlaubte die Benutzung eines der Kirche gehörigen, abgeholzten Waldstreifens, der Besitzer der Holzschleiferei steuerte Balken und Türpfosten bei und der Inhaber des Grünberger Steinbruchs spendete alte Fenster.[27]

Dresden entwickelte sich zum beliebten Versammlungsort der Pfadfinder, so fanden dort im Herbst 1921 die Führertagung und in im Mai 1923 die Führerwoche des DPB statt. Unter dem Vorsitz des Reichsfeldmeisters Hans Ries erarbeiteten die Anwesenden die Ziele des Bundes, umrahmt von einem umfangreichen Programm mit Vorträgen und Besichtigungen der Sportausstellung, der Galerien und der Museen sowie Wanderungen in die Sächsische Schweiz, Dampferfahrten, Bundesthing und gemeinsamen Abenden am Lagerfeuer. Insgesamt konnten 138 Teilnehmer empfangen werden, darunter Franz Ludwig Habbel vom BDN, der ungarische Pfadfinderführer Julius von Farkas, der schwe-

Scharfenberger Lager der Ringpfadfinder

dische Pfadfinderführer Axel Haerberger, der holländische Pfadfinderführer W. M. van Popta und der Vertreter der finnischen Pfadfinder Urhu Salovaara.[28]

Die »Ringgemeinschaft« wollte den Pfadfindergedanken, der als zu flach und oberflächlich galt, vertiefen und eine eigene Kultur im DPB schaffen. Diese sollte wie folgt aussehen: »Pfadfinder sein heißt für uns adelige, vornehme Gesinnung und einen frischen, gesunden, gewandten Körper haben. Wir erkennen uns alle an einem geheimen Freimaurerzeichen, das ist der leuchtende, freie Blick klarer Knabenaugen, ein offenes Wort, ein ungebeugter Hals und ein fester Händedruck. Wir sind kleine Kreise, Ringe, die sich in sich selbst erziehen, steigern, dessen Gemeinschaftsgefühl geläutert ist durch gemeinsame Erlebnisse in festen und ernsten Stunden.«[29] Hierzu sollten gemeinsame Erlebnisse dienen: Fahrten und Lagerleben, Abenteuer und militärischer Drill, aber auch Kriegsspiele.

Auf dem Rittergut Scharfenberg bei Meißen fand 1931 in diesem Geist das Herbstausbildungslager der RDP statt. Eine ganze Kolonne machte sich von Dresden am 1. Oktober auf den Marsch, um 12 Uhr erreichten sie Scharfenberg. Bis zum Abend standen fünf Neunmannzelte und ein Sechzehnerzelt, der »Palast« genannt. Für acht Tage wurden diese Zelte ihr Zuhause. Nach dem Aufstehen kam der Waldlauf, dann von 9 bis 13 Uhr stille Zeit, die Arbeit im Fähnlein, anschließend ein Erste-Hilfe-Kurs und verschiedene andere Tätigkeiten. Am Mittwoch bekam jeder Einzelaufgaben, der Moritzburger Wald musste nach bestimmten Punkten durchforstet werden und am Sonntag durften die Eltern ihre Schützlinge besuchen.[30] Auch ein eigenes Heim, der Lauschehorst, in der Nähe des Dorfes Niederlichtenwalde am Fuße der Lausche gelegen, bot verschiedene Möglichkeiten der Freizeitgestaltung.[31]

Polarisierung der Jugendlichen

All diese Erlebnisse beeinflussten die Jugendlichen, sie fühlten sich zu einer größeren Gemeinschaft zugehörig, für die sie sich einsetzen wollten. So trat bei den meisten Jugendbünden das Bekenntnis zur eigenen Nation immer stärker hervor. Der auf dem Lauenstein im August 1919 gegründete »Jungdeutsche Bund« erklärte: »Wir Jungdeutschen wollen aus der Kraft unseres Volkstums eigenwüchsige Menschen werden, unter Überwindung der äußeren Gegensätze eine wahrhafte Volksgemeinschaft aller Deutschen schaffen und ein Deutsches Reich als Grundlage und Gestalt unseres völkischen Lebens aufbauen helfen.«[32] Im August 1923 fand bei Weißenstadt im Fichtelgebirge ein Bundestreffen des BDN statt. Etwa 1 700 Anwesende aus 25 Bünden (darunter auch der BDR) legten ein Bekenntnis zum Deutschtum ab und das Balkenkreuz auf weißem Wimpel sollte die Verbundenheit mit dem Volk symbolisieren.[33]

Einen Weg zur Einigkeit des Volkes glaubte Fritz Riebold mit seiner TS im christlichen Glauben gefunden zu haben: »Wir wollen kämpfen für die innere Befreiung unseres Volkes von Sünde und Schuld, von allen Volksgiften und -Lastern. Brechen wollen mit einem Scheinchristentum, das eigentlich nur ein modernes Heidentum ist. Der Kampf für die Königsherrschaft Jesu fordert von uns immerwährende Liebes- und Hilfsbereitschaft. Zu dieser Bereitschaft lassen wir uns in unseren Pfadfinderstunden äußerlich und innerlich rüsten.«[34]

Die dem nationalsozialistischen Gedankengut verbundenen »Artamanen« wollten polnische Wanderarbeiter durch deutsche Jugendliche ersetzen und diese durch schwere körperliche Arbeiten wie das Rübenhacken an die Lebenswelt der Bauern heranführen. Außerdem sollten die vermeintlichen Übel der Weimarer Zeit, Karriere- und Geldsucht, Urbanismus und Individualismus, überwunden werden. Schnell etablierte sich bei den Führern, zu denen u. a. auch Heinrich Himmler und Richard Walther Darré zählten, die Blut-und-Boden-Ideologie, so dass es den »Artamanen« nicht schwerfiel, sich 1933 dem Reichsnährstand anzugliedern.[35]

Vor allem die kleineren Bünde propagierten verstärkt völkische Ziele. Die »Sächsische Jungenschaft«, gegründet 1919 und mit 1 152 männlichen Mitgliedern im Alter von 12 bis 30 Jahren in 64 Ortsgruppen organisiert, verfolgte als Ziel die Ertüchtigung der Jugend durch Fahrten und die Sicherung des Deutschtums im Ausland. Dazu unternahm man Fahrten, die oft über die Landesgrenzen hinausgingen, und veröffentlichte den »Sachsenspiegel«.[36] Der 1923 gegründete Landesverband Sachsen des »Großdeutschen Jugendbundes«, 72 männliche und 51 weibliche Mitglieder im Alter von 10 bis 25 Jahren in fünf Ortsgruppen umfassend, postulierte die Sendung einer völkischen Bewegung, die Vertiefung der völkischen Idee, den Kampf um das »Dritte Reich« und den Aufbau Großdeutschlands durch einen Erziehungsbund, der den Einzelnen zum wehrhaften Deutschen heranbildet. Als Organe dienten »Heerfahrt« und »Der Bund«.[37] Die dadurch entstandene politische Polarisation verstärkte sich zusehends, Kommunisten griffen immer öfters Anhänger der Bündischen Jugend an. Der 1924 von den Pfadfindern zu einer Herberge umgebaute Turm in Machern musste wiederholt Angriffe erdulden. »Selbst eine rote Hundertschaft hatten wir die Ehre zu begrüßen. Die einen betätigten sich als Möbelträger, die anderen waren tiefer veranlagt, sie rissen die Dielen auf und demolierten das kaum in Ordnung gebrachte Heim mit einer bewundernswerten Gründlichkeit.«[38]

Allen bündischen Gruppen war die Hinwendung zu Volk und Vaterland eigen, die sie mit einem heute unvorstellbaren Idealismus sehr unterschiedlich ausfüllten: während bei den meisten Pfadfinderbünden der Gedanke zur Einordnung in die Gesellschaft der Weimarer Republik und ihrer Verbesserung vorherrschte, versuchten andere, Möglichkeiten zur völligen Umgestaltung hin zu einem völkischen Staat zu beschreiten und erwiesen sich somit als Wegbereiter für den Nationalsozialismus.

Dies geschah jedoch größtenteils nicht aus eigenem Antrieb, sondern Erwachsene, meist Persönlichkeiten aus militärischem oder bürgerlichem Umfeld, gaben die jeweilige Richtung für die Jugendlichen vor und versuchten, sie nach ihren Gesichtspunkten zu formen und zu beeinflussen.

Anmerkungen

1 Vgl. Felix Raabe, Die Bündische Jugend, Stuttgart 1961, S. 12.

2 Vgl. Karl Seidelmann, Die Pfadfinder in der deutschen Jugendgeschichte, Teil 1, Hannover 1977, S. 25.

3 Vgl. Taschenbuch für Pfadfinder, Feldmeister und Altpfadfinder. Ausgabe für Sachsen, 1919/20, hrsg. unter Mitarbeit sächsischer Führer vom Hauptfeldmeister Lehrer Albert Richter, Auerbach 1919, S. 44.

4 Vgl. Leipziger Neueste Nachrichten, 23. 1. 1915.

5 Vgl. Theo Herrle, Die deutsche Jugendbewegung in ihren kulturellen Zusammenhängen, Gotha/Stuttgart 1924, S. 75; Felix Raabe, Bündische Jugend, S. 24.

6 Vgl. Karl Seidelmann, Die Pfadfinder in der deutschen Jugendgeschichte, Teil 2,1, Hannover 1980, S. 80–81.

7 Vgl. Mike Schmeitzner und André Thieme, Ringpfadfinder in Sachsen, in: Sächsische Heimatblätter, 42/1996, H. 2, S. 102.

8 Dieser löste sich 1920 vom DPB ab und wollte von der Sippe und dessen Heim, vom Stamm und seiner Heimat nicht zu Kirche und Staat, sondern zum Reich kommen. Vgl. Theo Herrle, Jugendbewegung, S. 76.

9 Vgl. Karl Seidelmann, Die Pfadfinder in der deutschen Jugendgeschichte, Teil 1, S. 67–68.

10 Vgl. Joachim von Stülpnagel, »Munster-Lager« Pfingsten 1933 – die letzte Großveranstaltung der Bündischen Jugend, in: 100 Jahre Soldaten in Munster: 1833–1933; ein Rückblick, hrsg. von der Stadt Munster, Munster 1993, S. 86–87.

11 Vgl. Manfred Schindler, Die Entstehung der Dresdner Wander- und Bergsteigerorganisationen und ihre Entwicklung bis zum Ende des Ersten Weltkrieges, Bd. 1, Leipzig 1990, S. 148.

12 Vgl. Der Pfadfinder, Juli 1919, S. 40.

13 Vgl. Taschenbuch für Pfadfinder, S. 44.

14 Davon 300 im Gau Mark Meißen, 200 im Gau Kursachsen, 200 im Gau Mittelsachsen, 200 im Gau Nordlausitz, 150 im Gau Südlausitz, 150 im Gau Leipzig, 125 im Muldengau, 125 im Gau Vogtland und 50 im Gau Erzgebirge.

15 Landesrundbrief Nr. 47 (Juni 1931) des DPB (Privatsitz).

16 Chronik der Abteilung Dresden – Ringgemeinschaft Deutscher Pfadfinder, S. 7 (Privatbesitz).

17 Vgl. Deutscher Jungenkalender 1931/32. Jahrbuch für die bündische Jugend Deutschlands, hrsg. von Fritz Riebold und Günther Wolff, Plauen 1931, S. 281.

18 Friedrich Albin (gen. Fritz) Riebold kam am 13. März 1888 in Zeulenroda zur Welt und knüpfte nach einer Lehre als Sattler und Tapezierer Kontakt zu christlichen Pfadfindern. Ab dem 1. Januar 1913 als Bundesjugendpfleger für den Bereich Pfadfinder beim Evangelisch-Lutherischen Jungmännerwerk in Dresden tätig, heiratete er dort im Dezember Olga Gruner. Den Ersten Weltkrieg erlebte er als Frontsoldat. Anschließend arbeitete er bis 1938 als Bundesjugendwart beim Evangelischen Jungmännerwerk. 1921 war er Mitorganisator des Zusammenschlusses verschiedener christlicher Pfadfindergruppen zur »Christlichen Pfadfinderschaft Deutschlands«. Ab 1938 als Stadtmissionar in Dresden beschäftigt, zog ihn 1944 die Wehrmacht ein, entließ ihn jedoch wieder nach einer Sportverletzung. Als Pfarrer wurde er im September 1947 in Dresden ordiniert, ging 1962 in den Ruhestand und siedelte 1965 mit seiner Frau nach Sindelfingen über. Am 24. Dezember 1968 verstarb er in einer Stuttgarter Klinik, auf dem Sindelfinger Burghaldenfriedhof fand er seine letzte Ruhestätte.

19 Vgl. Auf neuem Pfad, 12/1933, S. 235–236.

20 Vgl. Karl Seidelmann, Die Pfadfinder in der deutschen Jugendgeschichte, Teil 1, S. 115–116.

21 Vgl. Auf neuem Pfad, 2/1923, H. 3, S. 55.

22 Vgl. Unser Pfad, 1/1925, H. 1, S. 4–5.

23 Dieser wurde am 1. Dezember 1878 in Alt-Hörnitz geboren und arbeitete nach seiner Schulzeit als Knecht auf verschiedenen Bauernhöfen. Mit 17 Jahren ging er auf Wanderschaft durch Europa und ließ sich nach seiner zweijährigen Militärzeit 1910 in Hellerau nieder. Während des Ersten Weltkriegs an der Ostfront eingesetzt, organisierte er die Errichtung einer völkischen Feldbibliothek, die die Moral der Truppen stärken sollte. Nach dem Krieg rief er 1919 den Hakenkreuz-Verlag und 1921 die »Deutsche Bauernhochschule« ins Leben. Durch diese erhoffte er sich, auf radikal-völkischer und antisemitischer Grundlage beruhend, die Erneuerung des Volkes durch den Bauernstand heraus und eine Überwindung der Weimarer Republik. Tanzmann avancierte zu einem der bekanntesten völkischen Agitatoren, geriet jedoch aufgrund seiner Neigung, ihm missliebige Personen öffentlich zu diskreditieren, immer mehr ins Abseits. Am 28. August 1939 nahm er sich das Leben.

24 Deren sächsischer Gau konstituierte sich 1921, hatte 130 männliche und 70 weibliche Mitglieder im Alter von 10 bis 27 Jahren, die in getrennten Gruppen agierten. Er verfolgte körperliche und geistige Ertüchtigung des Einzelnen, die Pflege der Liebe zu Heimat und Volk, die Pflege und Erhaltung des Volksliedes und die Überbrückung der Klassengegensätze mit dem Ziel der Volksgemeinschaft. Um diese Ziele einer breiten Öffentlichkeit näherzubringen, gaben sie die Zeitschriften »Der Adler« und »Der Falke« heraus.

25 Vgl. Werner Kindt (Hrsg.), Die deutsche Jugendbewegung 1920 bis 1933. Die bündische Zeit, Düsseldorf/Köln 1974, S. 909–911.

26 Vgl. Taschenbuch für Pfadfinder, S. 45–46.

27 Vgl. Martin Gebhardt, Sommerlager der Pfadfinder, in: Mitteilungen des Landesvereins Sächsischer Heimatschutz, Bd. 9 (1920), H. 7/9, S. 162–164.

28 Vgl. Der Pfadfinder, 12/1923. H. 11/12.

29 Der Feldmeister, 10/1921, H. 3, S. 42–43.

30 Vgl. Jugendland, 9/1931, H. 9, S.186–187.

31 Vgl. Jugendland, 2/1924, H. 3, S. 21–22.

32 Zitiert nach Hertha Siemering, Die Deutschen Jugendverbände, Berlin 1931, S. 84.

33 Vgl. Günther Ehrenthal, Die Freie Jugendbewegung bis 1928, in: Karl Seidelmann (Hrsg.), Die Deutsche Jugendbewegung, Bad Heilbrunn 1966, S. 12.

34 Vgl. Auf neuem Pfad, 2/1923, H. 3, S. 43.

35 Vgl. Michael H. Kater, Die Artamanen – völkische Jugend in der Weimarer Republik, in: Historische Zeitschrift 213/1971, H. 3, S. 577–638.

36 Vgl. Jahrbuch der Sächsischen Jugend, hrsg. vom Landesausschuß Sachsen der deutschen Jugendverbände, Dresden 1926, S. 54.

37 Vgl. Jahrbuch der Sächsischen Jugend, S. 53.

38 Der Pfadfinder, 19/1929, H. 2, S. 46.

Rüdiger Berk, Kerstin Kraege

»Grüne Inseln im Klassenkampf«

Die Naturfreunde als Teil der Arbeiterjugendbewegung

Sie spielen in den Höfen, die wie Särge sind,
von grauen Mauern eingeschlossen.
In ihren Träumen sind sie manchmal Kind.

Vom Leben der Erwachsenen umflossen
ist ihre Jugend eng begrenzt von Pflichten,
darum schauen sie oft traurig und verdrossen.

Sie kennen kaum den Funkelglanz der Sterne,
sie wissen nicht, dass draußen Bäume rauschen
und selten hören sie Musik der Ferne.

Dem Pulsschlag ihrer Lebensnot zu lauschen
und ihnen neue Kraft zum Aufschwung geben,
dass sie das graue Los des Schicksals tauschen.
Für solche Arbeit ist es Lust zu leben.

Naturfreund Fritz Rück[1]

Den arbeitenden Menschen aus grauen Städten den Zugang in die Natur zu ermöglichen, war das Ziel der Gründergeneration der Naturfreundebewegung im Jahre 1895 in Wien. Dieser Impuls kam aus der schweren Lage der Arbeiter zum Ausgang des 19. Jahrhunderts. Diese hatten neben dem täglichen Existenzkampf eines oft 14-stündigen Arbeitstages auch mit katastrophalen Wohn- und Hygieneverhältnissen, insbesondere in den rasch wachsenden Großstädten zu kämpfen. Mit den Naturfreunden konstituierte sich eine Bewegung, aus der eine internationale Freizeit-, Bildungs- und Kulturorganisation der Arbeiter erwuchs. Zu den Gründungsmitgliedern gehörte auch der damalige Untermieter eines Wiener Sensenschmiedes, der Student Karl Renner, welcher später das Amt des österreichischen Bundespräsidenten ausüben sollte.

Für uns heute kaum noch vorstellbar – einem Großteil der arbeitenden Bevölkerung war damals der ungehinderte Zugang zur freien Natur weitgehend verwehrt. Dieses Privileg stand aufgrund der herrschenden Besitzverhältnisse nur einem relativ kleinen Teil der Bevölkerung zu. Hierbei handelte es sich meist um bürgerliche Wander- und Bergsteigervereine, die damals grundsätzlich keine Mitglieder aus der Arbeiterschaft aufnahmen. Vor diesem Hintergrund ist der im Jahre 1900 eingeführte Gruß der Naturfreunde »Berg frei! Welt frei! Völker frei!« natürlich auch als klassenkämpferische Losung zu sehen. Symbol der Naturfreundebewegung ist bis heute der Handschlag mit den drei Alpenrosen.

Mit Gründung der ersten Ortsgruppe der Naturfreunde in München im Jahre 1905 beginnt offiziell die deutsche Geschichte der Naturfreundebewegung. Wie aber kam sie nach Deutschland? Hauptverantwortlich hierfür waren die sogenannten »Walzbrüder«. Diese handwerklich hochqualifizierten »Wanderarbeiter« hatten an der Verbreitung der Naturfreundebewegung in Deutschland maßgeblichen Anteil. Durch die Begegnung mit österreichischen Walzbrüdern und eigenen Erfahrungen im Bereich der Donaumonarchie brachten sie den Naturfreunde-Gedanken zuerst nach Süddeutschland, von wo aus sich dieser schnell über das ganze damalige Reich ausbreitete.

Am 8. Juli 1909 gründet sich mit der Dresdner Ortsgruppe die erste sächsische Ortsgruppe der Naturfreunde. Im Verlauf weniger Jahre kommt es zur Gründung weiterer Ortsgruppen in Leipzig, Radeberg, Falkenstein/Vogtland, Zwickau und Chemnitz. Dies führte am 24. 11. 1912 zur Gründung des Gaues Sachsen des TVDN (Touristenverein Die Naturfreunde). Auch wenn der 1. Weltkrieg die Entwicklung der Naturfreunde hemmte, kam es doch im Jahre 1917 zur feierlichen Einweihung des ersten selbstbauten sächsischen Naturfreundehauses am Zirkelstein bei Schöna. Die auch als grüne Inseln im Klassenkampf bezeichneten Naturfreundehäuser hatten (und haben) eine wichtige Funktion als Ausgangsort für Wander- und Klettertouren, aber auch als soziale und politische Begegnungsstätte. Zusätzlich stärkten sie das Selbstbewusstsein der Naturfreunde und steigerten die Attraktivität der Bewegung – insbesondere bei jungen Leuten. Gerade die wildromantische Sächsische Schweiz stellte ein beliebtes Ziel für die Dresdner Naturfreunde dar. So kam es bereits im November 1919 zur Gründung einer Klettersektion der Ortsgruppe Dresden.

Wenn auch der autonome Jugendverband, die Naturfreundejugend, erst offiziell im Jahr 1926 gegründet wird, so beginnt doch die eigentliche Jugendbewegung in den Reihen der Naturfreunde viel früher. Im Grunde waren die Naturfreunde zu Beginn ihrer Aktivitäten in Deutschland überwiegend eine Lehrlings- und Gesellenorganisation. Doch insbesondere in der Zeit nach dem 1. Weltkrieg trifft die Naturfreundebewegung den Zeitgeist der Jugend. Der Verband beginnt zu expandieren und wächst in den frühen 20er Jahren auf über 100 000 Mitglieder an. In seiner Februarausgabe des Jahres 1922 berichtet »Der Wanderer« auch über die personelle Entwicklung der Naturfreunde in Sachsen. Demnach hat Dresden mit bereits über 1500 Mitgliedern die stärkste Ortsgruppe in Sachsen.

Woraus ergab sich die enorme Attraktivität der Naturfreunde für die jungen Menschen in den 20er Jahren? Zum einen waren die Naturfreunde zu dieser Zeit ein Sammel-

Altes Logo
der Naturfreunde

becken auch für konservative Anhänger der bürgerlichen Lebensreformbewegung, für Wandervögel, Mitglieder der SPD, Gewerkschaftsanhänger, Linkssozialisten und Kommunisten. Zum andern waren die angebotenen Aktivitäten sehr vielseitig. Von Kinderwanderungen und Jugendarbeit bis hin zu vielfältigen Bildungs- und Sportveranstaltungen. Zusätzlich bilden sich neben den Wander- und Klettersektionen auch Sektionen für Wassersport, Fotografie und Musik.

Das Wandern und das unmittelbare Erleben der Natur spielten aber stets die dominierende Rolle. Von den Naturfreunden wurde das Konzept des »sozialen Wanderns« entwickelt. Was darunter zu verstehen ist, beschreibt »Der Naturfreund« in seiner Ausgabe von 1930 wie folgt: »Soziales Wandern besteht im Achten auf die wirtschaftlichen, politischen und gesellschaftlichen Verhältnisse und bezieht sich durchaus nicht nur auf die arbeitenden Menschen. Im Gegenteil, auch die Welt der Kapitalisten ist in das soziale Wandern einzubeziehen … Aber das Kennenlernen des Proletariats fremder Gegenden, Landschaften und Staaten wird immer das wichtigste Ergebnis des sozialen Wanderns sein.«[2]

Auch die bereits erwähnten Naturfreundehäuser waren für die Jugend extrem wichtig, denn hier hatte man fernab von Elternhaus und Arbeitsstätte eine zweite Heimat. Dies förderte die Identifikation mit dem Verband und insbesondere mit der Naturfreundejugend. Die Häuser waren Grundlage und Stützpunkt für ein Stück gelebte Freiheit.

Politisch bekannten sich die Naturfreundejugend, wie auch der Erwachsenenverband, zum Sozialismus. Man war für bessere Lebensverhältnisse der Arbeiter und setzte sich für den Naturschutz ein. Dennoch gab es innerhalb der Naturfreundejugend auch unterschiedliche politische Strömungen. Wie man sich die Naturfreundejugend wünschte, erklärt der erste Reichsjugendleiter Leonhard (Loni) Burger. Die Arbeit der Naturfreundejugend solle in die Bewegung eingebettet ohne parteipolitische Festlegung zur Erziehung des sozialistischen Menschen und der Verwirklichung der sozialistischen Idee in der Zukunft beitragen. Mittel zur Erreichung dieses Zieles sei in erster Linie das Wandern: »Wir wollen (die Jugend) die Heimat erleben lassen, damit sie über das Verständniss der Heimat hinaus die Welt versteht!«[3] Allerdings hielten sich nicht alle Jugendgruppen an dieses Konzept, insbesondere in den Gauen Rheinland, Niederhessen, Brandenburg, Mittelrhein-Main, Sachsen und Thüringen war man politisch wesentlich aktiver, als von der Reichjugendleitung gewünscht.

Kurt Schlossser

Mitte der 20er Jahre wendete sich die positive Mitgliederentwicklung. Auf der Bezirksleiterkonferenz des Gaues Sachsen im Jahre 1926 in Dresden wurde resigniert festgestellt, dass der beginnende Mitgliederrückgang nicht aufzuhalten sei. Nach Ansicht des »Wanderers« lag der Grund für den Mitgliederschwund mit ziemlicher Wahrscheinlichkeit an der hohen Arbeitslosigkeit. So geriet auch das Zirkelsteinhaus aufgrund von Geldnot der Mitglieder in Gefahr.

Trotzdem gibt es auch an diese Zeit schöne Erinnerungen. Der Naturfreund und spätere Völkerkundler und Reiseschriftsteller Erich Wustmann unternahm im Jahre 1926 seine erste ausgedehnte Lappland-Tour. Erich Wustmann, geb. am 9. 11. 1907 in Dresden Niedersedlitz, wuchs in Bad Schandau auf. Nach 1933 emigrierte er nach Norwegen und wurde 1940 nach der Besetzung Norwegens zurück nach Deutschland ausgeliefert und (als ziviler Truppenbetreuer) eingezogen. Er lebte nach dem Zweiten Weltkrieg bis zu seinem Tod am 24. 10. 1994 in Bad Schandau. Seine vielen Reisen führten ihn nach Skandinavien, auf die Färöer, nach Island, nach Indien, Nordafrika und Südamerika. Aus seiner Feder stammen 60 Reisebeschreibungen und volkskundliche Bücher, darunter über die Sami, Indianer (er hat 36 Indianerstämme besucht), Färinger und Beduinen. 1983 erschienen unter dem Titel »Durch Tundra, Wüste und Dschungel« seine Memoiren. In der DDR erlebten seine Bücher Rekordauflagen, füllten seine Vorträge große Säle. Seine Bücher wurden immer auch parallel im Westen Deutschlands verlegt.

Erich Wustmann, früheres
Mitglied der Naturfreunde,
um 1994

Im Juni des Jahres 1929 wurde das 20-jährige Bestehen der Ortsgruppe Dresden feierlich begangen. Doch die Zeichen der Zeit standen auf Sturm. Die stabile Phase der Weimarer Republik war vorbei. Auch die Dresdner Naturfreundebewegung engagierte sich politisch – mit einer Antikriegswanderung über den Truppenübungsplatz in Königsbrück. Hierzu der Bericht eines Teilnehmers: »Wir bekommen hier einen Vorgeschmack vom Krieg und ein Hass gegen den Militarismus steigt in uns auf. Ein Hass aber auch gegen diejenigen, die jetzt schon wieder den Boden für einen neuen Krieg bereiten wollen, wo doch die Wunden des letzten noch längst nicht vernarbt sind.«[4]

Bereits kurz nach der Machtergreifung der Nationalsozialisten im Jahre 1933 wird die Naturfreundebewegung verboten. Viele Funktionäre werden verhaftet, die Naturfreundehäuser werden beschlagnahmt. Ergreifend ist der Bericht des Dresdner Naturfreundes Martin Fischer (Jg. 1915), der die Übernahme des Zirkelsteinhauses in Schöna durch die Hitlerjugend miterleben musste: »Unmittelbar an der Grenze (nach Tschechien) stand das Naturfreundehaus, unterhalb des Zirkelsteins. Eine herrliche Hütte! Eine wunderbare Aussicht! Also, das war mein Herz! Das war mein Herz! Und dort bin ich nun hingefahren. Natürlich mit einem zusammengebastelten Fahrrad… Und damals wurde ja sogar illegal gearbeitet, ja, da gabs auch die roten Bergsteiger noch. Und die versuchten, illegal zu den Tschechen über die Grenze zu kommen. Und da gab es dort ein böh-

NaturFreunde-Gruppe heute

misches Loch. Das war das idealste Gebiet, wo man illegal also schmuggeln konnte. Rüber, nüber, Zeitungen, verbotene Zeitungen, Zeitschriften…

Jedenfalls kam der Tag, wo ich eigentlich der Letzte war, auf dem Zirkelsteinhaus, und von den Nazis da im Sinne des Wortes rausgeprügelt wurde. ›Lass dich ja nie wieder hier sehen!‹ Und ich habs mit der Angst zu tun gekriegt. Aber man hing da nun dran. Und gegenüber vom Zirkelsteinhaus war ein großer Wald. Und da sind wir hingefahren, mit unseren Rädern, mit Ferngläsern, und ham gekuckt, was die dort jetzt mit unserem Zirkelsteinhaus veranstalteten… Dort hat sich die Hitlerjugend breit gemacht, dort wurde militärisch ausgebildet und vorbereitet für den nächsten Krieg. Weißte, wie weh uns das getan hat? Wir durften nimmer hin.«[5]

Viele Naturfreunde arbeiten nach Zerschlagung ihrer Organisation im Widerstand. Insbesondere antifaschistische Sportler und Bergsteiger der Naturfreunde und anderer Gruppierungen gerieten dabei zunehmend ins Visier der Gestapo. Noch 1937 begann der Naturfreund und Bergsteiger Kurt Schlosser mit dem Bau einer Hütte im Zahnsgrund bei Bad Schandau. Diese Hütte diente illegalen Zusammenkünften und der Widerstandsarbeit von Bergsteigern und Wanderern. 1943 wurden Kurt Schlosser und weitere Widerstandskämpfer verhaftet. Am 30. 6. 1944 wurde er zum Tode verurteilt und am 18. 8. 1944 hingerichtet. Bis zuletzt waren Naturfreunde, wie viele andere, im Widerstand gegen das Naziregime aktiv. Noch zu Beginn des Jahres 1945 verbargen sie sich in der Sächsischen Schweiz, um einer Verhaftung oder der Einberufung in die Wehrmacht zu entgehen.

Nach dem Ende des 2. Weltkrieges ging auch die Naturfreundebewegung im geteilten Deutschland getrennte Wege. Einem Aufruf amerikanischer Naturfreunde folgend, kommt es in den »westlichen Besatzungszonen« zur Wiedergründung der Naturfreunde. In der sowjetischen Besatzungszone schließen sich bereits 1946 Mitglieder der Dresdner

Naturfreunde mit der Vereinigung antifaschistischer Bergsteiger zur »antifaschistischen Touristenbewegung« zusammen. Diese wurde dann 1947 zur »Gemeinschaft der Natur- und Heimatfreunde Dresden.« Auch wenn der Name wieder annähernd hergestellt war, so wurde auch diese »Gemeinschaft« dem Kulturbund der DDR angeschlossen. Der selbständige Touristenverein der Naturfreunde hat in der DDR offiziell aufgehört zu existieren. Bis Anfang der 60er Jahre arbeiten jedoch »halblegal« (z. b. im Zittauer Raum) Naturfreundegruppen, die zu den Naturfreunden in der Bundesrepublik Verbindung hielten und an Verbandstreffen im westlichen Teil Deutschlands teilnahmen.

In der Zeit des politischen Neuanfangs ab Oktober 1989 und der Demokratie des »Runden Tisches« entstanden noch auf dem Gebiet der DDR eine große Anzahl an neuen Interessen- und Arbeitsgemeinschaften. Initiiert von alten Naturfreunden und jungen Umweltbewegten, wurde u. a. auch der »Touristenverband Naturfreunde DDR« gegründet. Am 10. März 1990 nehmen 200 Teilnehmer an einer Wanderung von Pillnitz nach Graupa teil. Diese Wanderung gilt als Auslöser zur Neugründung der Dresdner Naturfreunde. Aktuelle Themen, wie nachhaltiger Tourismus und Klimawandel, zeigen, dass Aufgaben und Betätigungsspektrum der Naturfreunde seit über 100 Jahren nichts an Aktualität verloren haben. Die Dresdner Naturfreunde zählen gegenwärtig 150 Mitglieder, in ganz Sachsen existieren 14 Ortsgruppen mit insgesamt 850 Mitgliedern.

Zu fällen einen schönen Baum
braucht's eine halbe Stunde kaum
zu wachsen bis man ihn bewundert,
braucht's ein Jahrhundert.

Eugen Roth[6]

Anmerkungen und Literaturangabe

1 Heinz Hoffmann und Jochen Zimmer (Hrsg.): Wir sind die grüne Garde – Geschichte der Naturfreundejugend; Essen 1986; Seite 7.

2 Natufreundejugend Deutschland, Sinika Stubbe, Ansgar Drücker: Schnittpunkt/Sonderheft anl. 100 Jahre Naturfreunde in Deutschland; Seite 4.

3 Heinz Hoffmann und Jochen Zimmer (Hrsg.): Wir sind die grüne Garde – Geschichte der Naturfreundejugend; Essen 1986; Seite17.

4 Der Naturfreund 1930, S. 29 ff.

5 Natufreundejugend Deutschland; Sinika Stubbe, Ansgar Drücker: Schnittpunkt/ Sonderheft anl. 100 Jahre Naturfreunde in Deutschland, Seite 10.

6 Naturfreunde Deutschlands, LV Sachsen e.V.: Wanderaustellung »Mit 100 in die Zukunft«; Tafel 21.

Wulf Erdmann, Jochen Zimmer (Hrsg.): Hundert Jahre Kampf um die freie Natur; Essen 1991.

Mike Schmeitzner

»Mit uns zieht die neue Zeit«

Die Dresdner sozialistische Jugend in der Weimarer Republik

Die »neue Zeit«, die Hermann Claudius bereits im Juni 1914 anbrechen sah, sollte in Liedform und als Idee in der sozialistischen Arbeiterjugend erst zu Beginn der Weimarer Republik ihrem Siegeszug antreten. Im August 1920 wurde das Lied »Wann wir schreiten Seit an Seit« zur Hymne des in Weimar stattfindenden zentralen Arbeiterjugendtages. Von dort verbreitete sich das Lied im ganzen Reich. Der Erfolg war schließlich so groß, dass sich der vier Strophen bald schon andere Jugendverbände annahmen: Neben der Sozialistischen Arbeiterjugend (SAJ) sangen sich auch bündische und konfessionelle Gruppen in die »neue Zeit«; nach 1933 taten es dann Hitlerjugend (HJ) und noch einmal zwölf Jahre später Freie Deutsche Jugend (FDJ) und Falken gleichermaßen. Mit dem Inhalt des Liedes vermochten sich ganz verschiedene Teile der Jugendbewegung zu identifizieren; trotz der sozialen Grundierung erschien der inhaltliche Rahmen weit genug gesteckt, um Überzeugungen und Sehnsüchte von Jugendlichen zu transportieren, die sich in der politischen Arena oft genug als Gegner gegenüberstanden.[1]

Dennoch waren die Verse mit der Geburt der sozialistischen Arbeiterjugendbewegung eng verbunden: Die »neue Zeit«, von der im Lied die Rede ist, brachte zuerst die Sehnsüchte von Jugendlichen nach einer sozial gerechteren Gesellschaft und später auch von einer wahrhaft sozialen Republik zum Ausdruck. Es waren vor allem Lehrlinge und junge Arbeiter gewesen, die kurze Zeit nach 1900 erste Selbsthilfevereine gegründet hatten, um so gemeinsam Missstände bekämpfen, Jugendschutzbestimmungen überwachen und Bildungshunger beseitigen zu können. Nachdem das neue kaiserliche Reichsvereinsgesetz von 1908 eine Betätigung von Jugendlichen unter 18 Jahren in politischen Vereinen unter Strafe gestellt hatte, reagierte die SPD auf ihre Weise: Sie fasste noch 1908 den Beschluss, auf allen Parteiebenen Jugendausschüsse und in Berlin eine »Zentralstelle für die arbeitende Jugend« ins Leben zu rufen. Der Charakter der sozialdemokratischen Jugendarbeit hatte sich damit grundlegend geändert: Statt parteiunabhängiger Jugendverbände existierten nun nur noch Jugendausschüsse, die jede Selbständigkeit und damit jeden »Bewegungs«charakter vermissen ließen.[2]

Der Erste Weltkrieg beeinträchtigte diese »Jugendpflege« in elementarer Weise: Eine große Anzahl von Jugendleitern wurde Opfer des Massenschlachtens und viele Jugendheime mussten aufgrund der materiellen Einschränkungen vorübergehend oder gänzlich schließen. Was sich bereits im Vorfeld des Krieges angekündigt hatte, wurde nun ebenfalls offensichtlich: Während sich ein Teil der Jugendausschüsse mit ihren Leitern zur Burgfriedenspolitik des SPD-Parteivorstandes bekannte, wandte sich ein anderer Teil gegen Krieg und Militarisierung und gegen die offizielle »reformistische« Linie. Während die einen im badischen Reichstagsabgeordneten und Kriegsfreiwilligen Ludwig Frank ihr Vorbild erblickten, sahen die anderen zu Karl Liebknecht, dem radikalen Linken und Kriegsgegner, auf. Im Zuge der SPD-Spaltung kam es daher auch zur Spaltung der Jugend: Noch 1918 bildete sich die »Freie Sozialistische Jugend« der USPD.[3]

Als ein Jahr später die Mehrheits-SPD von den eigenen Jugendausschüssen wieder Abstand nahm und den »Verband der Arbeiter-Jugend-Vereine Deutschlands« (VAJV) gründete, war der Weg von der Jugendpflege zurück zur Jugendbewegung beschritten worden. Der Arbeiterjugendtag in Weimar im August 1920 brachte schließlich der Gesamtbewegung entscheidende Impulse. Und auch in organisatorischer Hinsicht kam es zu einer Bündelung der Kräfte, obwohl noch Ende 1920 eine weitere Spaltung anstand: Die Spaltung der USPD in einen prokommunistischen und einen gemäßigt sozialistischen Teil führte einerseits zur Stärkung des schon 1920 gegründeten »Kommunistischen Jugendverbandes Deutschlands« (KJVD), andererseits jedoch zur raschen Wiedervereinigung der Sozialdemokratie. Daraus erwuchs 1922 die SAJ, die mit bald über 50 000 Mitgliedern zu den stärksten parteipolitischen Jugendverbänden zählte.[4]

Zwischen Klassenkampf und Burgromantik: Arbeiterjugend und Jungsozialisten in den 1920er Jahren

Zweifellos gehörten Sachsen und Dresden in der Weimarer Republik zu den Hochburgen der Arbeiterjugendbewegung. Die sächsischen Bezirksverbände der SAJ stellten bereits 1930 ein Fünftel der Gesamtanhängerschaft, nämlich über 10 000 Mitglieder. Der Dresdner Unterbezirk der SAJ, dessen organisatorische Wurzeln bis in das Jahr 1906 zurückreichten, umfasste 1923 ungefähr 2000 14- bis 18-Jährige – mit leicht abfallender Tendenz bis 1930. Im Jahre 1928 wurden außerdem »Rote-Falken-Gruppen« der SAJ gebildet, die jüngere Mitglieder im Alter zwischen 14 und 16 Jahren gesondert sammelten. Organisationspolitisch gliederte sich der SAJ-Unterbezirk Groß-Dresden zuerst in drei Kreisverbände (Dresden-Altstadt, Dresden-West, Dresden-Neustadt) mit insgesamt 43 Gruppen. Nach Ausgliederung verschiedener randständig gelegener Gruppen wie Freital, Wilsdruff, Tharandt oder Schmiedeberg kam es ab 1925 zu einer Reorganisation der Unterbezirksstruktur, in deren Zuge fünf Kreisverbände (Dresden-Neustadt, Dresden-West, Dresden-Altstadt, Dresden-Ost und der Kreis Heide) geschaffen worden.[5]

Zur Aufwärtsentwicklung der ostsächsischen SAJ und ihrer Dresdner Gliederung dürfte die Schaffung eines Jugendsekretariats der Dresdner SPD im November 1919 entscheidend beigetragen haben. Zum Jugendsekretär wurde der organisationserfahrene und umtriebige Conrad Hahnewald bestellt, der zugleich auch den Vorsitz des gesamten Bezirksverbandes Ostsachsen der SAJ übernahm. Der Bruder des ebenso bekannten Schriftstellers und Feuilletonredakteurs der sozialdemokratischen »Dresdner Volkszeitung«, Edgar Hahnewald, gelangte damit in eine Schlüsselstellung, die er zur organi-

satorischen Entwicklung, zu größeren Selbständigkeitsbestrebungen und zur inhaltlichen Profilierung nutzte. Selbst intensiv mit Fragen des Jugendschutzes vertraut, forderte er noch 1920 die Verabschiedung eines Reichsjugendgesetzes nach den Grundsät-
zen der sozialistischen Arbeiterjugend; zudem »mahnte er die Reform des Lehrlings-
wesens, den Ausbau der Lehrstellenvermittlung sowie der Berufsberatung an«.[6]

Auf der SAJ-Bezirkskonferenz im Juli 1920 gehörte Hahnewald zu jenen Jugend-
führern, die den anwesenden SPD-Politikern ein stärkeres Maß an organisatorischer Selt-
ständigkeit abverlangten. In einer Resolution forderten die Delegierten die »Abschaffung
der Achtzehnjährigengrenze und den Ausbau unserer Organisation zur tatsächlichen
Jugendbewegung«. »Wir erkennen«, so die Verfasser, die »Hilfe der Erwachsenen an und
danken für die bisherige Unterstützung, wollen aber als Verband, gleich den Verbindungen der Erwachsenen, alleinige Bestimmung der Mitglieder über die Richtlinien und das
Wesen unserer Organisation«.[7] Dieses Ziel wurde Jahre später wenigstens teilweise
erreicht: Die SAJ entwickelte sich auch in Sachsen zu einer formal selbständigen Jugendorganisation der SPD, die – anders als zuvor in den Jugendausschüssen – ein selbstbe-
stimmtes Eigenleben führte. Dazu gehörte auch die 1928 aufgegebene Personalunion
zwischen dem SPD-Jugendsekretär und dem SAJ-Bezirksvorsitzenden.[8]

Die Aktivitäten, die die SAJ in Dresden und Ostsachsen entfaltete, gestalteten sich
unterdessen recht vielseitig, auch wenn nicht alle selbstgestellten Ansprüche erfüllt werden konnten. Hatten die Jugendausschüsse und die Arbeiterjugend mit dem »Jugendruf« und dem »Mitteilungsblatt« schon ab 1912 über eigene regionale Periodika ver-
fügt, gab die SAJ Groß-Dresden bis 1927 mit dem »Jugend-Echo« jetzt eine Zeitschrift
heraus, die professioneller gestaltet war und einen größeren Leserkreis erreichte. Fasst
man die geleistete Arbeit nur eines Jahres in Zahlen, so kann – wie es Hahnewald tat –
tatsächlich von »Gewaltigem« die Rede sein: Im Bestreben, die »arbeitende Jugend körperlich, geistig und sittlich zu fördern«, wurden allein im Jahre 1922 rund 7000 Veranstaltungen abgehalten, die etwa 220 000 Jugendliche besuchten. Die meisten dieser Veranstaltungen dienten allerdings dazu, die arbeitende Jugend mit Vortrags-, Diskussions-
und Leseabenden in Fachgebiete wie die Volkswirtschaft, Staats- und Verfassungslehre,
Geschichte, Arbeiterbewegung oder die Kunst und Literatur einzuführen. Auf kulturel-
lem Gebiet hatte laut Hahnewald vor allem die Dresdner SAJ mit ihren »acht künstlerisch
und volksbildend besonders hochstehenden Konzerten und Vortragsabenden […] Her-
vorragendes« geleistet.[9]

Auch wenn Hahnewald noch die 51 Arbeiterjugendbibliotheken in Ostsachsen mit
5000 Büchern in Rechnung stellte (direkt in Dresden hatten 29 Gruppen eigene Biblio-
theken und sechs eigene Jugendheime)[10], eine proletarische Gegenkultur, die später die
»bürgerliche« würde ablösen können, war damit keineswegs in Sicht. Vorträge und Fest-
ansprachen von Arbeiterdichtern wie Karl Bröger oder der Besuch von sozialkritischen
Stücken eines Gerhart Hauptmann waren ebenfalls keine Belege dafür, dass im Schoße
der »alten« Gesellschaft etwas Neues und Großartiges gedeihe, wie dies der SAJ-Vorsitzende poetisch formulierte: »Hier wächst in aller Stille, im zähen Ringen mit sich selbst
und gegen die ganze Unnatur der heutigen Gesellschaftsordnung und ihres Produkts,

Burg Hohnstein (1925–1933 Jugendherberge), Foto Hahn 1935

des mechanisierten, kapitalistisch eingestellten Menschen, ein Geschlecht heran, in dessen Geist unser Ideal, der sozialistische Mensch, tief Wurzeln gefasst hat.«[11]

Dieses Ideal und die zunehmende linkssozialistische Ausrichtung der sächsischen SPD veranlassten die Dresdner SAJ bereits in den 1920er Jahren zu einem zeitweiligen Linkskurs, der auch Kooperationen mit dem KJVD einschloss. Obwohl die Dresdner SAJ die sozialdemokratisch-kommunistische Regierung Zeigner unterstützte und die kurz darauf erfolgte Reichsexekution gegen Sachsen scharf verurteilte, brach sie doch Anfang Dezember 1923 die Zusammenarbeit mit dem KJVD einstimmig ab. Ihr Vorwurf: Die kommunistische Jugend »verbinde Einheitsfrontbestrebungen mit Aufrufen zur Zersetzungsarbeit unter der SAJ und zur Zerstörung der SAJ-Gruppen«.[12] Wenige Jahre später wiederholte sich das Szenario: Auf Antrag der SAJ wurden Anfang 1929 die Vertreter des KJVD und des Jung-Spartakus-Bundes der KPD aus dem zwischenzeitlich gebildeten »Proletarischen Jugendkartells Groß-Dresdens« ausgeschlossen, da sie vor Verleumdung und Zersetzung der sozialistischen Konkurrenz nicht zurückgeschreckt hätten.[13]

Rangierte die Dresdner SAJ eher auf dem linken Flügel des Gesamtverbandes, traf diese Einschätzung viel stärker noch auf die Dresdner Jungsozialisten zu, die seit Mitte der 1920er Jahre die sozialdemokratische Jugend zwischen 18 und 25 Jahren rekrutieren sollten. Zahlenmäßig konnten sich die »Jusos« zwar bei weitem nicht mit der örtlichen SAJ messen (so existierten 1929 nur 12 Gruppen mit 250 Mitgliedern)[14], doch stand ihr Sendungsbewusstsein in umgekehrtem Verhältnis dazu. Im Gegensatz zu den Juso-Gruppen in Hamburg oder Leipzig, die seit 1923 einen stärker national-patriotischen Kurs verfolgten, orientierten die Dresdner auf das richtige »Klassenbewusstsein«. Eine ganze Reihe von ihnen hatte die sozialistische Heimvolkshochschule Schloss Tinz (bei Gera) besucht und dort das Evolutionsschema des historischen Materialismus kennengelernt und verinnerlicht. So war es kein Zufall, dass in den Dresdner Gruppen bald Arbeitsgemeinschaften und Vorträge über Karl Marx' »Kapital« oder die »Ausbeutung der proletarischen Klasse im 19. und 20. Jahrhundert« den Ton angaben.[15] Juso-Funktionäre wie Kurt Gentz, Helmut Wagner oder Walter Fabian fühlten sich jedenfalls den jüngeren SAJ-Mitgliedern geistig überlegen und mit der »richtigen« marxistischen Einsicht ausgestattet.

Eine besondere Rolle spielte dabei die Bildungsarbeit der Dresdner Jusos, durch die sie nachhaltigen Einfluss auf die SAJ und selbst auf die Partei auszuüben versuchten. Mit der im Oktober 1927 begründeten »Zentralen Arbeitsgemeinschaft« (ZAG) sollten die »Aktivisten der einzelnen Juso-Gruppen fraktionell« erfasst und mittels der »zweimal im Monat stattfindenden Treffen bestens auf eine einheitliche Strategie und einen inhaltlichen Konsens für das kollektive und zumeist oppositionelle Auftreten in Funktionärswie Mitgliederversammlungen« vorbereitet werden.[16] Dort polemisierte die selbst ernannte Juso-Elite gegen die »gefährliche Funktion des Reformismus« innerhalb der Sozialdemokratie und deren Koalitionspolitik auf Reichsebene.[17]

Ungeachtet solcher »klassenkämpferischer« Aktivitäten suchten aber weder Jusos noch SAJ ihr Seelenheil allein im rational geprägten Fortschrittsoptimismus. Einen Kontrapunkt setzten beide Jugendorganisationen mit ihrer beständigen Präsenz auf Burg Hohnstein, die – in der Sächsischen Schweiz und vor den Toren Dresdens gelegen – auf den ersten Blick eher ein Symbol der Romantik und Rückbesinnung war. Die ausgeprägte Wanderleidenschaft der jungen Sozialisten und die Schönheit der Natur mochten freilich nur die eine Seite der Begeisterung begründen. Dass Vertreter beider Jugendorganisationen seit Mitte der 1920er Jahre die Burg regelmäßig erkletterten, hatte einen zweiten Grund: Nachdem die Korrektionsanstalt Burg Hohnstein aufgelöst worden war, entschied der Sächsische Landtag 1924, das herrlich gelegene Areal in eine Jugendherberge zu verwandeln. Mit dem Umbau der Burg wurde noch im selben Jahr der bisherige SAJ-Bezirksvorsitzende und SPD-Jugendsekretär Conrad Hahnewald betraut, der vor allem mit Angehörigen der SAJ die mittelalterlichen Gemäuer zu einer »Jugendburg« umgestaltete.[18] Dadurch rückte die Burg, die bald den Ruf einer der beliebtesten Begegnungsstätten der deutschen Jugendbewegung genoss,[19] immer stärker in das Blickfeld der Dresdner SAJ und Jusos. Deren Konferenzen, Kurse und Feste fanden nunmehr häufig auf Hohnstein statt.

So wurde noch vor ihrer feierlichen Eröffnung im Mai 1925 der 1. Helferkurs der SAJ Ostsachsen auf der Jugendburg abgehalten, bei dem die Geschichte der Arbeiterbewegung und die Zukunft der Jugendbewegung ebenso auf dem Programm standen wie literarische Abende, Sport, Spiel, Tanz und Wandern. Nachdem kurze Zeit später auf der Burg auch eine Juso-Bezirkskonferenz stattgefunden hatte, beschäftigte sich im November 1925 ein weiterer Helferkurs der SAJ mit der Fest- und Feiergestaltung sowie mit der bürgerlichen und proletarischen Jugendbewegung, über die Hahnewald selbst referierte. Jugendchor und Spielgemeinschaft der Dresdner SAJ traten hier ebenfalls auf. Auch der 1. Freizeitkurs der SAJ Ostsachsen fand wie selbstverständlich auf Hohnstein statt: Im Frühjahr 1927 konnten sich hier erwerbslose Jugendliche zwei Wochen lang geistig

Ausflug der Dresdner Jusos um 1930 (mittig mit Brille: Arno Wend)

weiterbilden und körperlich erholen. Vier Monate zuvor hatte die Dresdner SAJ die Burg für ein weiteres »Highlight« entdeckt und zu einer »Jugend-Sylvesterfeier« eingeladen. 900 Mitglieder und Anhänger folgten ihrem Aufruf in ausgelassener Stimmung: Bei Gesang, Gedichten und einem »Jahreswende-Feuer« feierten sie in das neue Jahr.[20]

Vor dem Abgrund: Spaltung, Untergang und Widerstand
Von der 1929 entfesselten Weltwirtschaftskrise war die sozialistische Jugendbewegung Dresdens in elementarer Weise betroffen. Der sprunghafte Anstieg der Arbeitslosigkeit auf ca. 700 000 in Sachsen (1932) bzw. ca. 70 000 in Dresden (Januar 1933) und der Kollaps der öffentlichen Haushalte führten rasch zu einer politischen Radikalisierung, die weder vor der gesamten politischen Landschaft noch vor dem Innenleben der Jugendverbände haltzumachen drohte. Als Profiteure der Entwicklung erwiesen sich vor allem die Nationalsozialisten, die gerade in Sachsen ihren entscheidenden Durchbruch erzielten. Noch vor den Reichstagswahlen im September 1930, bei denen sie mit 18 % zur zweitstärksten Partei aufstiegen, setzten sie bei den wenige Monate zuvor stattfindenden Landtagswahlen in Sachsen mit 14 % ein unübersehbares Zeichen. Zwar galt in Dresden die SPD mit ihren 26 000 Mitgliedern noch immer als stärkste politische Kraft, doch geriet sie angesichts der Krisenfolgen, der rechtsextremistischen Agitation und der Brutalisierung der Auseinandersetzung durch die NSDAP schnell in die Defensive.[21]

Spätestens im Herbst 1930 mussten sich die SPD und die sozialdemokratischen Jugendverbände entscheiden, welchen Weg sie beschreiten wollten: Den der Abwehr des Nationalsozialismus durch Tolerierung von bürgerlichen Regierungen im Reich und in Sachsen oder den der Abwehr des Nationalsozialismus durch einen sozialrevolutionären Kurs, der gerade wegen der politischen Auswirkungen der Weltwirtschaftskrise und des Sozialfaschismus-Kurses der KPD nicht gerade erfolgversprechend erschien. Während sich die Dresdner Partei in dieser Situation entschloss, von ihrem bisherigen linkssozialistischen Kurs abzurücken und die »Demokratie an sich« zu verteidigen,[22] entschied sich ein großer Teil der eigenen Jugend für den entgegengesetzten Weg.

Vorreiter dieser innerparteilichen Konfrontation waren die Dresdner Jungsozialisten, die schon seit Jahren gegen den »reformistischen« Kurs der Partei mobil gemacht hatten. Beide Seiten trugen in diesem Kampf allerdings gleichermaßen Verantwortung: Der Dresdner SPD-Vorstand sah sich Ende 1930 nur noch in der Lage, mit organisationspolitischen Eingriffen in die Juso-Organisation deren sozialrevolutionäre Propaganda einzudämmen. Die Mehrzahl der Dresdner Juso-Führer wiederum setzte gerade in dieser Gesellschaftskrise auf eine revolutionäre Überwindung des als überholt betrachteten Kapitalismus und wehrte sich mit allen zur Verfügung stehenden Mitteln gegen eine Beschneidung der eigenen Selbständigkeit. Auf dem Höhepunkt des Konflikts stimmte eine Mehrheit der Dresdner Jusos Ende Januar 1931 für die Selbstauflösung, um so ein deutliches Zeichen gegen die eigene Partei zu geben. Auf der entscheidenden Mitgliederversammlung konnten sich die radikaleren Kräfte um Helmut Wagner und Walter Pöppel gegen den auf Ausgleich bedachten Bezirksvorsitzenden Arno Wend durchsetzen.[23]

In der Dresdner SAJ hatte sich im Laufe des Jahres 1931 eine ähnlich explosive Stimmung wie bei den Jusos entwickelt. Auch hier hielt ein Großteil der Mitglieder die Tolerierungspolitik der SPD im Reich für nicht mehr tragbar. Bürgerliche Kabinette in Berlin und Dresden, die Sozialabbau betrieben und mit Notverordnungen regierten, nur deswegen zu stützen, weil so »Schlimmeres« verhindert und eine Machtteilhabe der NSDAP unterbunden werden könnte, erschien ihnen nicht nur zweifelhaft, sondern geradezu absurd. Als sich im Frühjahr 1931 die ersten Reichstagsabgeordneten der SPD gegen den Kurs ihrer Führung wandten, stieß das an der Dresdner Basis der SAJ auf viel Sympathie. Der neue SAJ-Bezirksvorsitzende Kurt Liebermann ließ im kleinen Kreis keinen Zweifel daran, dass er im Ernstfall eher mit den »Disziplinbrechern« aus der Reichstagsfraktion marschieren würde als mit der Tolerierungsmehrheit in Berlin und Dresden.[24]

Als dann die SPD-Vorstände im Reich und Dresden fast zeitgleich Ende September 1931 die beiden Reichstagsabgeordneten Max Seydewitz und Kurt Rosenfeld sowie die drei Dresdner Jung-Oppositionellen Walter Fabian, Helmut Wagner und Franz Blazeizack wegen Fraktionsarbeit und Sonderbestrebungen aus der Partei ausschlossen, reagierte die örtliche Führung der SAJ sofort. Für den 30. September wurde eine Sitzung des Gesamtvorstandes der Groß-Dresdner SAJ anberaumt, die mit 67 zu zwei Stimmen den Austritt des eigenen Unterbezirkes aus dem Bezirks- und Reichsverband der SAJ »bei unverminderter Fortsetzung der bisherigen Arbeit« durchsetzte. Inhaltlich begründet wurde dieser Schritt mit der ständig »steigenden Einschränkung sozialistischer Jugend-

Nr. 1/2 Januar/Februar 1933 3. Jahrgang

Sozialismus! Wir glauben an dich!

Einst gingen wir zur Fabrik.
Tag für Tag, Woche für Woche, Jahr für Jahr, Sommer wie Winter.
Morgens, ehe der Tag graute, schritten wir mit müden Schritten an den grauen Häuserreihen entlang.
Und die Sehnsucht stahl sich in unsere Herzen.

Festlich gekleidete Menschen und lachende Frauen sehen wir in den Straßen wie einst.
Pracht und Herrlichkeit in den Fenstern. Wir haben Zeit — Zeit zum Bewundern. Aber die Freizeit wird zur Qual.
Massen ballen sich am Kontrollamt. Verzweiflung, Trostlosigkeit und Sorgen zerreißen uns. Freude kennen wir heute nicht.

Jugendruf, Zeitschrift der SAJ, Januar/Februar 1933 (Ausschnitt)

arbeit«, die allein den Zweck verfolge, die »politische Meinungsbildung im Sinne revolutionären Kampfes um den Sozialismus in der SAJ zu unterbinden«.[25]

Nach der Selbstauflösung der Dresdner Jungsozialisten war dieser zweite Schlag ein noch größeres Desaster für die sozialdemokratische Jugendbewegung der Landeshauptstadt. Unter dem süffisanten Beifall der politischen Konkurrenz und vor dem Hintergrund der weiter anwachsenden nationalsozialistischen Bedrohung hatte sich die größte Jugendorganisation der Stadt selbst zerlegt. Während beinahe der komplette Dresdner SAJ-Vorstand mit Liebermann den »Sozialistischen Jugendverband Deutschlands« (SJV) und die örtliche Linksabspaltung der SPD, die »Sozialistische Arbeiter-Partei« (SAP), aus der Taufe hob, übte sich die städtische SPD in Schadensbegrenzung: Mit 473 von ursprünglich 1360 Mitgliedern versuchte sie in den nächsten Tagen und Wochen, eine neue SAJ-Organisation auf die Beine zu stellen. Als geschickter Schachzug erwiesen sich dabei ihre Bemühungen um den früheren SAJ-Bezirksvorsitzenden Rudolf Schiller, der sein Amt Ende 1930 wegen einer Ausbildung in Thüringen abgegeben hatte. Schiller übernahm Ende 1931 erneut den Bezirksvorsitz der SAJ und erreichte bei der eigenen Partei die sofortige Herausgabe einer eigenen Zeitschrift, des »Jugendrufes«.[26]

Schiller und Wend, die das geistige Profil der Zeitschrift bestimmten, versuchten in der Folge nicht nur, neue Mitglieder zu werben oder enttäuschte Linksoppositionelle »zurückzuholen«, was die Mitgliederzahl der Dresdner SAJ bis Anfang 1933 auf 731 steigen ließ. Sie wandten sich zugleich mit beißender Schärfe gegen die »Spalter« und ihren politischen Kurs, der sich erwartungsgemäß zwischen SPD und KPD einpendelte und auch die Diktion von der »Diktatur des Proletariats« enthielt.[27] Umgekehrt keilten die SAJ-Rebellen öffentlich gegen die einstigen Freunde: Wend und Schiller wurden von ihnen nur noch als »angestrichene Jung-Arbeiter« glossiert, die von der Partei allein des jugendlichen Scheins wegen hochgehalten würden.[28] Zumindest diese Auffassung war für 1932/33 kaum zu halten, da sich jetzt die örtliche SPD um eine stärkere Einbeziehung der Jugend bemühte. Die viel zu spät gewonnene Einsicht führte immerhin dazu, dass der SAJ-Vorsitzende auf einem Bezirksparteitag das Thema Jugend ausführlich behandeln durfte und Wend einen aussichtsreichen Platz bei den Stadtverordnetenwahlen erhielt.[29]

Was unterdessen die Rebellen der SAJ und Jusos zustande brachten, war zumindest historisch gesehen bemerkenswert: Mit ca. 900 jungen Sozialisten hatten sie in kürzester Zeit in Dresden eine neue Jugendorganisation (SJV) und eine neue Partei (SAP) auf die Beine gestellt. Während Fabian den Bezirksvorsitz der SAP übernahm, zog Liebermann in Dresden die organisatorischen Fäden. Auch wenn sie letztlich bedeutungslos blieben und bei Wahlen als Splitterpartei stets belanglos waren, so mussten ihre Energie und ihr Idealismus doch als bewundernswert gelten: Trotz der geringen Basis hatte der Kreis um Liebermann mit dem »roten pionier« eine eigene Zeitung geschaffen, die sich mit ihrer konsequenten Kleinschreibung und mit Apotheosen auf Rosa Luxemburg und Karl Liebknecht gleich doppelt revolutionär gab. Das von Peter Blachstein geleitete Kabarett »Die Nebelspalter« griff wiederum bei seinen Auftritten in Dresden sowohl die Tolerierungspolitik der SPD als auch die terroristische Praxis der Nazis scharf an.[30]

Nach der Melodie »Das ist die Liebe der Matrosen« hieß es etwa in dem Text »Das ist das Lied vom kleinren Übel« überaus spitz: »Das ist das Lied vom kleinren Übel, / bei der SPD, mein Schatz, / hat so manches Übel Platz. / Es notverordnet ganze Kübel, / und auf jede Notverordnung folgt Ersatz. / Man kann so herrlich tolerieren, / nur dem Proleten, dem tut`s weh. / Die Notverordner können diktieren, / denn sie stützt und unterstützt auf jeden Fall die SPD, / jawohl die SPD.«[31]

Die nationalsozialistische Machteroberung vermochten letztlich weder die sozialrevolutionären Rebellen noch die »parteifrommen« SAJ-Funktionäre abzuwenden. Als Anfang 1933 Adolf Hitler Reichskanzler wurde und Wochen später einen Reichskommissar für Sachsen einsetzte, marschierten SAJ und SJV nicht mehr mit der »neuen Zeit«. Sofern ihre Führer bereit waren, Widerstand zu leisten, traf sie der Arm der neuen Machthaber überaus brutal. Dutzende SJV-Mitglieder, die bereits im Februar 1933 in die Illegalität gegangen waren und erste Flugzettel verteilten, wurden bis zum Sommer des Jahres verhaftet und vom neu gebildeten NS-Sondergericht Sachsen abgeurteilt. Selbst ins Exil geflüchtete Jugendführer konnten sich vor den braunen Machthabern nicht sicher wähnen, wie das Beispiel Liebermann zeigt: Er wurde 1934 von holländischer [!] Polizei an die Gestapo ausgeliefert und in Deutschland zu einer langjährigen Haftstrafe verurteilt.[32] Andere Jugendführer mussten die Umwandlung von »ihrer« Jugendburg Hohnstein in ein KZ in schmerzhafter Weise am eigenen Leib erfahren. Als Burgwart war

SA-Wachmannschaften
mit Häftlingen des
KZ HOhnstein 1933/34

Hahnewald im März 1933 das erste Opfer des KZ; Monate später sahen sich auch Wend und Blachstein den brutalen Misshandlungen der SA-Wachmannschaften ausgesetzt.[33] Trotz solcher Erfahrungen arbeiteten beide nach ihrer Freilassung illegal weiter – der eine in Dresden, der andere im Exil. Nach 1945 gehörten sie zu den engagiertesten Verfechtern eines demokratischen Sozialismus in Ost- und Westdeutschland. Sie hatten ihr Ideal einer »neuen Zeit« sowohl im Dritten Reich als auch im Spanischen Bürgerkrieg und selbst in Stalins GULag hochgehalten.

Anmerkungen

1 Vgl. Heinrich Eppe, Ein Lied ging in die Welt: »Wann wir schreiten Seit an Seit«. In: http://www.vorwaerts.de/magazin/drucken/.php?artikel=4656&type. Eine bemerkenswerte autobiographische Reflexion enthält Günter de Bruyn, Zwischenbilanz. Eine Jugend in Berlin, Frankfurt am Main 1992, S. 304.

2 Ernst Drahn, Die sozialistische Arbeiterjugend. In: Süddeutsche Monatshefte, 23 (1926), Heft 9, S. 187–197, hier S. 188 ff.; Heinrich Eppe, Selbsthilfe und Interessenvertretung. Die sozial- und jugendpolitischen Bestrebungen der sozialdemokratischen Arbeiterjugendorganisation 1904–1933, Bonn 1983, S. 15 ff.

3 Vgl. Drahn, Die sozialistische Arbeiterjugend, S. 192 f.

4 Vgl. Martin Oberpriller, Jungsozialisten. Parteijugend zwischen Anpassung und Opposition, Bonn 2004, S. 31.

5 Vgl. Dieter Vassmers, Sozialdemokratische Jugend- und Kinderbewegung in Ostsachsen. Chronik 1919 bis 1933, Teil 2 Anhang, Oer-Erkenschwick 2000, S. 141–153.

6 Ebd., S. 21.

7 Zit. nach: ebd.

8 Bis dahin hatte Hahnewalds Nachfolger Arthur Kunze beide Ämter wahrgenommen; ab 1928 amtierte Kunze nur noch als Jugendsekretär und Rudolf Schiller als SAJ-Bezirksvorsitzender.

9 Conrad Hahnewald, Die sozialistische Arbeiterjugendbewegung im Bezirke Ostsachsen. Jahresbericht 1922. In: Arbeiter-Jugend. Monatsschrift des Verbandes der Sozialistischen Arbeiterjugend Deutschlands, 15 (1923) Heft 4, S. 59–61, hier S. 60.

10 Linus Hamann, Trotz alledem! Bericht von unserer Jahreshauptversammlung. In: Jugend-Echo der So-

zialistischen Arbeiterjugend Groß-Dresdens, Nr. 4, April 1924, S. 28/29.

11 Hahnewald, Jahresbericht 1922, S. 61.

12 Zit. nach: Vassmers, Teil 1, S. 40.

13 Ebd., S. 74.

14 Vgl. A[rno] W[end], Die Arbeit der Jungsozialisten. Jahreshauptversammlung der Jungsozialisten Groß-Dresden. In: Dresdner Volkszeitung vom 31.1.1929.

15 Vgl. den Veranstaltungskalender der Gruppen Dresden-Striesen und Dresden-Briesnitz im Oktober 1925. Jungsozialisten Groß-Dresden, Nr. 10, Oktober 1925, S. 127.

16 Franz Walter, Jungsozialisten in der Weimarer Republik. Zwischen sozialistischer Lebensform und revolutionärer Kaderpolitik, Kassel 1983, S. 123.

17 Zit. nach: ebd., S. 127.

18 Vgl. Heinz Ruscher, Zwischen Kirnitzsch und Wesenitz. Band 2: Eine Region und ihre Menschen in der Zeit der Weimarer Republik 1919–1933, Sebnitz 2004, S. 90.

19 Die feierliche Einweihung der Jugendherberge Burg Hohnstein, die 800 Betten anbot, war Ende April 1926.

20 Vassmers, Teil 1, S. 49, 58, 61.

21 Vgl. Mike Schmeitzner, Dresden in der Weltwirtschaftskrise 1929–1933. In: Geschichte der Stadt Dresden. Band 3. Von der Reichsgründung bis zur Gegenwart. Im Auftrag der Landeshauptstadt Dresden, hg. von Holger Starke unter Mitwirkung von Uwe John, Stuttgart 2006, S. 406–413, hier S. 406.

22 Vgl. dazu den entsprechenden Leitartikel des vormaligen linkssozialistischen Landesvorsitzenden und Reichstagsabgeordneten Artur Arzt, Wert der Demokratie. In: Dresdner Volkszeitung vom 22.12.1930.

23 Vgl. Sozialistische Information, Nr. 15 vom 19.2.1931; Dresdner Volkszeitung vom 20.1.1931.

24 Vgl. »Kulis Schiebung. Liebmanns Selbstentlarvung«. In: Dresdner Volkszeitung vom 19.10.1931.

25 Zit. nach: Vassmers, Teil 1, S. 103.

26 Vgl. Vassmers, Teil 2, S. 145 und 168.

27 Vgl. z.B. den Artikel von Arno Wend, Erkennen, was ist! In: Jugendruf. Mitteilungsblatt der SAJ Bezirk Ostsachsen, 1 (1931) Heft 2, S. 1–3.

28 »allerlei aus der s-a-j«. In: roter pionier, dresden im februar 1932, nr. 4, S. 10.

29 Bei den Stadtverordnetenwahlen am 13.11.1932 erzielten SPD und NSDAP je 22 Mandate. Wend, der auf Platz 15 gelistet worden war, zog als jüngster Abgeordneter ins Stadtparlament ein. Vgl. Dresdner Volkszeitung vom 14.11.1932.

30 Vgl. Mike Schmeitzner, Diktaturerfahrung und politische Konsequenz: Zur Biographie des deutsch-jüdischen Sozialisten Peter Blachstein 1911–1977. In: Norbert Haase/Mike Schmeitzner (Hg.), »In uns lebt die Fahne der Freiheit«. Zeugnisse zum frühen Konzentrationslager Burg Hohnstein (Lebenszeugnisse – Leidenswege, Band 18), Dresden 2005, S. 23–56, hier S. 28.

31 Zit. nach: ebd., S. 29.

32 Vgl. Vassmers, Teil 2, S. 171.

33 Vgl. Mike Schmeitzner, Verfolgung und politischer Widerstand. In: Geschichte der Stadt Dresden. Band 3, S. 425–432, hier S. 426 f.

Gerhard Lindemann

Dienst an Kirche und Volk

Christliche Jugendverbände in der Weimarer Republik

Seit dem 19. Jahrhundert war der deutsche Protestantismus mehrheitlich national und antidemokratisch orientiert. Der Monarch war Regent von Gottes Gnaden, eine andere Staatsform galt als gottlos und areligiös. Deshalb bedauerte man weithin die Kriegsniederlage und den Verlust der Monarchie. Zugleich verlor die evangelische Kirche die äußere Stütze durch das landesherrliche Kirchenregiment bzw. den obrigkeitlichen Summepiskopat; eine Einrichtung, die seit der Reformationszeit bestanden hatte.

Am 17. November 1918, einem Sonntag, beging der Christliche Verein junger Männer in Dresden sein 25-jähriges Bestehen. Das Fest begann mit einer Morgenandacht im Vereinsheim in der Ammonstraße 6 und einem gemeinsamen Gottesdienstbesuch. Am Nachmittag fand dann eine Gedenkveranstaltung für die 105 kriegsgefallenen Mitglieder statt. Dem schloss sich abends eine öffentliche Versammlung an. Oberkirchenrat Superintendent Karl Johannes Reimer bezeichnete in seinem Hauptvortrag »Heilige Pflichten gegen die Jugend unseres Volkes« die Jugend als Samenkorn einer neuen Zeit. Deshalb sei ihre christliche Erziehung vonnöten. Sie »müsse geloben, durch Frömmigkeit und Pflichttreue ihr schwer daniederliegendes Vaterland wieder zu Ehren zu bringen; das echte deutsche Wesen von neuem pflegen und sich in heiliger Zucht an den Herrn gebunden und durch ihn frei fühlen.« Umrahmt wurde das Ganze von musikalischen und turnerischen Präsentationen.[1] Kurze Zeit später, in seinem Grußwort zum Jahresbeginn 1919, sprach Reimer besonders die Kriegsheimkehrer an und bat sie, der Vereinsarbeit doch die Treue zu halten, auch wenn ihnen manches dort vielleicht »kindlich« erscheine. Aufgabe sei nun der Kampf »für ein neues, starkes Deutschland«. »Deutschland kann nur wieder groß werden, wenn eine starke Jugend heranwächst.« Deshalb sei ihre christliche Erziehung von besonderer Bedeutung.[2] Weiterhin galt Reimer wie vielen Protestanten die deutsche Nation als übergeordnete Bezugsgröße, die nur mittels einer christlichen Durchdringung der Gesellschaft zur alten Stärke zurückkehren könne.

Zeitgleich rief die »Bundeswarte« die Älteren auf, sich an den Wahlen zur Nationalversammlung zu beteiligen, und erläuterte die Modalitäten. Entscheidendes Kriterium für die Zustimmung zu einer Partei solle deren Stellung zum Christentum und ihre Position zur Kirche im öffentlichen Leben sein. Es wurden die Positionen der einzelnen Parteien zu dieser Frage kurz dargestellt und Deutsche Volkspartei sowie Deutschnationale Volkspartei als die Vertreter der Interessen von Christentum und Kirche charakterisiert.[3] Einer in Aussicht stehenden Trennung von Kirche und Staat gewann die »Bundeswarte«

durchaus positive Seiten ab. Pfarrer Schnieber von der Dresdner Erlöserkirche beklagte die bisherige finanzielle Abhängigkeit der Kirche vom Staat und kritisierte zugleich die bevorstehende Abschaffung des Religionsunterrichts.[4] Allerdings hatte Schnieber vor einem möglichen Weg in die Freikirche keine Furcht, sofern das evangelisch-lutherische Bekenntnis gewahrt bliebe.[5]

In den ersten Wochen des Jahres 1919 fanden in Dresden Veranstaltungen für Kriegsteilnehmer statt.[6] In den Räumen des CVJM in der Ammonstraße wurde ein Soldatenheim eingerichtet.[7] Der Wohnungsnot unter Studierenden begegnete der Christliche Jungmännerdienst Dresden mit der Eröffnung eines Wohnheimes in unmittelbarer Nachbarschaft zur Technischen Hochschule. Wegen finanzieller Schwierigkeiten hatte es allerdings nur zwei Jahre Bestand.[8]

Ein stärkeres Gewicht in der Vereinsarbeit solle künftig die staatsbürgerliche Erziehung haben. Jugendpfleger Kurt Gröschel aus Dresden warnte unter Verweis auf die Gespaltenheit der Gesellschaft jedoch vor parteipolitischer Festlegung. Stattdessen sei zu einem »Christentum der Tat« anzuleiten, zu konkreter Hilfe in der Not;[9] »Brückenbauen« war ein späteres Stichwort von Bundesjugendpfleger Fritz Riebold.[10]

Der zunehmenden Kirchen- und Religionskritik in der Öffentlichkeit begegnete die evangelische Jungmännerarbeit Dresden gemeinsam mit der Inneren Mission mit sogenannten apologetischen Vorträgen im April 1919 über das Verständnis der biblischen Schöpfungsberichte.[11] Ein Schwerpunkt der Arbeit sollte auf Vorträgen zur sozialen Lage und praktischer sozialer Betätigung liegen. Darüber hinaus wollte man Gymnasiasten in einem stärkeren Maße in die Arbeit einbeziehen, was zum einen mit dem Rückgang des Religionsunterrichts, zum anderen mit dem »Zurücktreten des Vaterländischen Elements« begründet wurde.[12] Der Stärkung des National-Patriotischen diente offenbar auch die im Juni 1919 beschlossene Gründung eines Turnverbandes innerhalb des Kreisverbandes Dresden.[13] Am 21. September 1919 fand hier erstmals seit fast fünf Jahren wieder ein Schau- und Wetturnen statt.[14] 1926 entstand die Eichenkreuzturnerschaft Sachsen im sächsischen Jungmännerwerk[15], in der »Erziehung zur christlichen Mannhaftigkeit« betrieben wurde.[16]

Der neuen Lage in der Schule wollte man auch durch die Einrichtung von Knaben-Abteilungen begegnen.[17] Damit entstand die Jungschararbeit für die 10- bis 14-Jährigen.[18] Eine heftige Diskussion entbrannte über die Frage, ob sich die Jungmännerarbeit der Tanzbegeisterung öffnen und das Tanzen in das Angebot integrieren solle[19]; hingegen beteiligte man sich einmütig an dem Jugendring Dresden, einer »Kampfgemeinschaft« der Mehrheit der Jugendverbände Dresdens »gegen allen Schmutz und Schund in Wort, Bild und Sitte«.[20] Der Jungmännerverein der Kreuzgemeinde reagierte mit einer Buch- und Kunstausstellung[21], in der »geistig und sittlich Wertvolles« präsentiert wurde. In der Geschäftsstelle Kaulbachstraße 7 betrieb der Evangelische Jungmännerbund Dresden eine Buchhandlung[22], im Juli 1922 wurde sie aus wirtschaftlichen Gründen mit der Buchhandlung des Stadtvereins für Innere Mission zusammengelegt.[23] Auch gegenüber der weiblichen Jugend galt es als ein gewichtiges Problem, »wie der eingerissenen Tanzwut und Vergnügungssucht wirksam begegnet werden könne.«[24] Insge-

Bundesfest in Moritzburg

samt erweckte in weiten Teilen beider großer Kirchen die gesellschaftliche Modernisierung ein breites Unbehagen.

1920 legte die Bundesversammlung erstmals fest, dass sich der Vorstand des Sächsischen Jungmännerbundes paritätisch aus Jugendlichen unter 21 Jahren und älteren Mitgliedern zusammensetzen sollte,[25] was als Einfluss des neuen Geistes der Jugendbewegung bewertet wurde.[26] Hatte die Jugendbewegung bis 1918 den christlichen Kirchen stark distanziert gegenübergestanden, ohne allerdings areligiös gewesen zu sein,[27] so wandte sie sich mit ihren Sinnfragen nun auch den Kirchen zu. Das Prinzip der Selbstverantwortung und das »Drängen[.] auf Echtheit« fanden Eingang in die christlichen Jugendverbände,[28] die bis in den Ersten Weltkrieg ihre Aufgabe eher in der Jugendpflege gesehen hatten. Evangelische Jugendarbeit setzte auf Freiwilligkeit.[29]

Auch der Evangelisch-lutherische Landesverband für die weibliche Jugend verstand sich als kirchliche Jugendbewegung. Man wollte im Anschluss an den Apostel Paulus (1. Thess 5, 23) »Leib, Seele und Geist, den ganzen jungen Menschen [...] erfassen.« Es ging um ein »bewusst christliches Jugendleben«, Heiligung und Stärkung der körperlichen »Sittlichkeit«, Hilfe in wirtschaftlicher Not, geistige Bildung und glaubensmäßige Erbauung. Dem Landesverband gehörten 1925 23 000 Mädchen an, die das grüne Verbandskreuz trugen. Ein Viertel der Mitglieder waren Arbeiterinnen in der Industrie, das andere Viertel Hausangestellte, kaum vertreten waren die sogenannten »Haustöchter«.

Die körperlichen Aktivitäten konzentrierten sich auf Wandern, Freiluftspielen und Turnabenden.[30] Letztere machten deutlich, »dass die körperliche Kräftigung auch in den Jungfrauenvereinen gepflegt wird.«[31] Großes Gewicht wurde auf Aufklärungs-

arbeit in Fragen der Sexualethik und von Alkoholmissbrauch gelegt. Koch- und Näh-
kurse sowie Säuglingspflegekurse wurden zur Vertiefung hauswirtschaftlicher Kennt-
nisse angeboten. Büchereien dienten der Versorgung mit Literatur, wobei der Schwerpunkt offenbar auf der deutschen lag.[32] Für ältere Mädchen bzw. junge Frauen mit
höherer Schulbildung gab es »Studienzeiten«, Freizeiten, die zur Bildung neuer loka-
ler Studienkreise anregen wollten.[33] 1922 bestanden in Dresden bereits acht solcher
Kreise, verteilt über die einzelnen Stadtteile. Diese waren thematisch spezialisiert: Mission, aktuelle Geistesströmungen, darunter auch die großen Weltreligionen, Literatur,
Besprechung von Zeitfragen, ausgehend von der Bibel, Musik, Mystik und Religionsge-
schichte.[34] Intensiver als zuvor wurde in den 1920er Jahren die Bibelarbeit betrieben.[35]
In den Freizeiten gab es auch Momente der Stille und die Pflege der Gebetsgemein-
schaft.

In den Gemeinden widmeten sich die Mädchen der »Liebestätigkeit«. Dazu gehörten
Besuche bei kranken, alten und unter sozialer Isolierung leidenden Menschen, die Mitarbeit im Kindergottesdienst, der Schmuck des Kirchenraumes für den Gottesdienst
sowie die »Stärkung des Gemeindegesanges«.[36] Ziel war die Herstellung eines festen
Verbundenheitsgefühls mit der »Mutter Kirche«.[37]

Auch in der Evangelischen Jungmännerbewegung gab man die Losung aus, dass sich
die Vereine wieder stärker auf ihre religiöse Aufgabe besinnen sollten.[38] Dort sei eine
»bewußte religiöse Vertiefung« festzustellen.[39] Man sah sich zugleich als »eine rettende
Macht von entscheidender Bedeutung« für das deutsche Volk, zu dessen »Gesundung«
die Verbandsarbeit Entscheidendes beisteuern sollte.[40] Die Ziele waren weit gesteckt: Ein
»gesundes Familienleben«, die Bekämpfung der kirchlichen Entfremdung weiter Teile
der Bevölkerung, insbesondere des Bildungsbürgertums und der Arbeiterschaft, sowie
eine »Lösung« der sozialen Frage.[41]

In Sachsen gab es 1925 15 000 Mitglieder und damit weniger als bei der weiblichen
Jugend. Die Jungen und jungen Männer sollten für die Nachfolge Jesu gewonnen werden.[42] Der »Wiederaufbau« von Kirche und Gesellschaft sollte von der Jugend ausgehen,
deshalb lag auf der Arbeit mit ihr eine so große Aufmerksamkeit. Für die Gemeinden
stellte man sich die organisierte männliche Jugend als eine Art Avantgarde vor, die sich
durch vorbildliches Verhalten auszeichnet. Dazu gehörten regelmäßiger Kirchgang –
unabhängig von der Person des Predigers –, aktive Beteiligung am Gottesdienst in Litur-
gie und Gemeindegesang, Verteilung von Werbezetteln, Botengänge für die Pfarrer
oder auch offenes Tragen des Gesangbuches auf der Straße.[43] Ein Zeichen für die stärkere »Verkirchlichung« der Arbeit war, dass 1925 erstmals bei einer Bundestagung kein
gesonderter Gottesdienst stattfand, sondern der Gemeindegottesdienst in der Frauenkirche besucht wurde.[44]

Mitte der 1920er Jahre wurde der Verlust einer größeren Zahl von jungen Männern
älter als 17 Jahre registriert. Generalsekretär von Prosch, Dresden, schlug daraufhin die
Einrichtung besonderer Angebote bzw. Abteilungen für ältere Mitglieder vor.[45] Ein von
der Jugendbewegung übernommenes Element waren die bunten Wimpel, die sich allmählich jeder Ortsverein zulegte und zu Festzügen und Wanderungen mitbrachte.[46]

Fritz Riebold

Auch in der evangelischen Pfadfinderarbeit ging es um eine Verbindung von Geist und Seele. Gemeinschaft und Aktivität sowie Praxisbezug waren zentrale Momente – »vom Glauben zur Tat« lautete das Motto,[47] »ein wirkliches Tatchristentum voll Bruderliebe und Jesusbegeisterung«, so Bundesjugendpfleger Fritz Riebold 1920.[48] Als Teil der Pfadfinderbewegung ging es um soziale Hilfsbereitschaft in der Nachfolge Jesu als Dienst am Gottesreich. Diese nach dem Weltkrieg neue Ausrichtung war von Sachsen ausgegangen und hatte auch in die Arbeit der christlichen Pfadfinderschaft in Deutschland überhaupt Eingang gefunden. Man lebte alkohol- und tabakfrei. 1925 gab es in Sachsen gut 1 000 christliche Pfadfinder und Späher.[49] Die Bibelkreisbewegung unter Schülern höherer Lehranstalten war ebenfalls in Dresden aktiv. Sie wuchs kontinuierlich und galt 1919 aufgrund der Gefährdung des Religionsunterrichts als ein Unternehmen von besonderer Bedeutung.[50]

In den katholischen Gemeinden nahmen die Jugendvereine seit 1920 einen großen Aufschwung. Auch hier gab es eine starke Beeinflussung durch die Jugendbewegung. Wie im Protestantismus war der Mädchenverein, die Jungfrauenkongregation, zahlenmäßig am stärksten, gefolgt vom Katholischen Jungmännerverband, ebenfalls mit Pfadfinderarbeit. Überdies gab es einen Gesellenverein, die Jugend des Katholischen Kaufmännischen Verbandes, den Bund Neudeutschland und die Sportvereinigung Deutsche Jugendkraft.[51]

Pfingsten 1928 fand in Dresden die Jubiläumstagung des Evangelischen Jungmännerbundes Sachsen statt, zu der 3 000 Teilnehmer erschienen. Sie legten ein »machtvolles

Bekenntnis zum Evangelium ab[.]«.[52] Die Frauenkirche war geschmückt mit den Wimpeln der einzelnen Gruppen. Auch ein Elbdampfer, der die Jugendlichen in die Sächsische Schweiz fuhr, prangte voller bunter Wimpel. Auf den Elbwiesen wurde ein großes Lagerfeuer abgehalten. Ausgehend von den Räcknitzhöhen zog sich durch die Stadt ein langer Fackelzug. Auch Leibesübungen kamen nicht zu kurz.[53]

Zentral herausgestellt wurde gegen Ende der 1920er Jahre »treue[.], zielbewusste[.] Führerarbeit«.[54] Die Funktionsträger, Jugendwarte und Sekretäre, wurden in diesem Sinne als Führer verstanden.[55] Damit verbunden war der Gedanke der Jungvolkarbeit, der sich allmählich auch in Sachsen durchzusetzen begann und durch eine spezifische Führerschulung gezielte Förderung erfuhr.[56] Die sportliche Betätigung diente bei der männlichen Jugend der Erziehung zur »Mannhaftigkeit«.[57] Überhaupt stieg das Interesse an Wanderfahrten deutlich an.[58] Im Mittelpunkt der Arbeit sollte allerdings das Bibelstudium stehen, forderte die Bundesversammlung in Chemnitz am 24. September 1928.[59]

Bei den Mädchen erfreuten sich Freizeiten ebenfalls eines großen Zulaufs. Neben Wanderfreizeiten gab es Freizeiten für künstlerische Gestaltung sowie eine Diakonie- und Bräutefreizeit.[60] Allerdings waren in den Großstädten, so auch in Dresden, Arbeitslose in den Jungmädchenvereinen eher unterrepräsentiert.[61] Neu integriert in die Arbeit wurden Laienspiel und Volkstanz.[62] Auch die Bereitschaft der Jugendlichen zur aktiven Beteiligung an der Finanzierung der Vereinsarbeit war erfreulich.[63] Deutlich im Anstiegen war wie bei den Jungen die Beteiligung an der Jungschararbeit, auch mit Kinderarbeit wurde begonnen.[64] Hingegen befand sich Anfang der 1930er Jahre die höhere Bildungsarbeit des Verbandes in einer ernsten Krise, wofür auch ein »Überhandnehmen[.] des nationalsozialistischen Gedankenguts« verantwortlich gemacht wurde. Die Bibelarbeit stieß hier verbreitet auf Ablehnung.[65] Überhaupt war die Mitgliedschaft in Sachsen deutlich zurückgegangen und belief sich 1931 nur noch auf 16 800.[66] 1929 übernahm die Landeskirche die Finanzierung des obersten Bundesgeistlichen, was bislang die Innere Mission getragen hatte.[67]

Im Juni 1929 entstand ein Ausschuss der evangelischen Jugend in Sachsen, dem alle evangelischen Jugendverbände im Freistaat angehörten, auch die Freikirchen beteiligten sich. Der Ausschuss diente der Verständigung über gemeinsame Aufgaben sowie der Interessenvertretung bei staatlichen Stellen und der gesamten Jugendarbeit. Die Federführung lag bei dem Ev.-luth. Jungmädchenbund als stärksten evangelischen Jugendverband.[68]

Der am 2. Februar 1930 zum neuen Vorsitzenden des Ev.-luth. Jungmännerbundes in Sachsen gewählte Domprediger Arndt von Kirchbach forderte nach seinem Amtsantritt die Jungmännervereine auf, sich als Gemeindekerne zu verstehen und als solche dem Pfarrer helfend unter die Arme zu greifen. Er konstatierte zugleich ein verbreitetes distanziertes Verhältnis der Jugend zur verfassten Kirche, das auch bei denen, die für die Vereinsarbeit gewonnen würden, nicht plötzlich ins Gegenteil umschlage. Darauf habe man in der alltäglichen Arbeit Rücksicht zu nehmen. Neben der sittlich religiösen Erziehung und den Leibesübungen dürfe die Bildungsarbeit nicht zu kurz kommen.[69] Seit 1930 gab es überdies Freizeiten für arbeitslose Jugendliche.[70] Im vom CVJM Chemnitz zur Verfügung gestellten Umschulungsheim Nennigmühle bei Pockau-Lengefeld fand

»Jungvolk, ran und voran!«,
Holzschnitt
von Hans Otto Gablenz

eine Umschulung von jugendlichen Industriearbeitern und Handwerkern beider Geschlechter in den Beruf des Landarbeiters statt.[71]

Eine Kundgebung der evangelischen Jugend Dresdens am 29. Februar 1932 stand unter dem für die Zeit typischen Motto »Ein Kampf ums Volk«. Sie sollte »den inneren Kampf evangelischer Jugend um das deutsche Volk zum Ausdruck« bringen und reagierte damit auf die Krise am Ende der Weimarer Republik. Am Beginn stand ein »Aufmarsch von Jungvolk und Jungscharen«.[72] Ein Film »Jungvolk im Aufbruch« präsentierte »lebendige und spannende Bilder von Märschen und Lagern, Frohsinn und Kampf«.[73] Jungvolklager gewannen weiter an Beliebtheit.[74] Herzstück der Arbeit blieb jedoch die Evangeliumsverkündigung, wie von Kirchbach anlässlich einer Schulung evangelischer Jungführer Ende Oktober 1932 konstatierte.[75] So gab es im Jungvolklager Ende Mai 1931 in Grillenburg zwar »Tatkundestunden« und »Geländestreifen«, aber täglich auch die Sammlung um das Wort Gottes und ein gemeinsames Nachdenken über »wichtige Lebensfragen«. Auch das »muntere Spiel[.]« kam nicht zu kurz.[76]

Jesus und der Versucher,
Holzschnitt von H. Hartmann

Verbreitet waren 1931 Bibellehrgänge: »Als evangelische Jugend haben wir eine große Verantwortung für das Evangelium.«[77]

Gegenüber dem aufkommenden Nationalsozialismus herrschte in der Leitung des Jungmännerbundes offensichtlich große Skepsis. Im Januar 1933 schrieb Bundeswart Fritz Riebold in der Pfadfinderzeitschrift »Auf neuem Pfad«: »Ein Staat, dessen Glieder alle bereit sind, das letzte für die Staatsgemeinschaft hinzugeben, ist ein auf dieser Erde unerfüllbares Ideal, eine Utopie... Die glühenden Hoffnungen aller Verfechter von idealen Zukunftsreichen, ob sie nun aus bolschewistischen, nationalsozialistischen oder anderen Lagern stammen, sind zuletzt Hoffnungen auf das Gottesreich. Aber das Gottesreich wird nie durch Menschen und ihr Wollen verwirklicht, sondern es wird von Gott geschenkt.«[78] Ein Jahr zuvor hatte sich Riebold gegen die Forderung sächsischer Nationalsozialisten gewandt – »Ein Glaubensbekenntnis zu ihm [Hitler] ist... für jeden Deutschen eine Ehrenpflicht.« »Wir müssen jede Bewegung auf ihren Geist hin prüfen, ob er von Gott sei oder von einem Götzen«, entgegnete er. Auch Volk und Vaterland dürften nicht zu Götzen gemacht werden.[79]

Riebold und von Kirchbach engagierten sich während der NS-Herrschaft in der Bekennenden Kirche. 1937 wurde der sächsische Jungmännerbund von den Nationalsozialisten aufgelöst.

Anmerkungen

1 Der Christliche Verein junger Männer in Dresden, in: Bundeswarte. Halbmonatsschrift der Ev. Männer- und Jünglingsvereine im Königr. Sachsen 41 (1918), 83 f.

2 Reimer, Meine lieben, jungen Freunde!, in: Bundeswarte 42 (1919), 1.

3 Vgl. A. Wendelin, Wir und die Nationalversammlung, in: a.a.O., 2 f.

4 Vgl. Schnieber, Landeskirche, Volkskirche, Freikirche, in: a.a.O., 9.

5 Vgl. a.a.O., 10 f.

6 Vgl. z. B. Der Dresdener Kreisverband, in: a.a.O., 28.

7 Vgl. Neues Soldatenheim, in: a.a.O., 4.

8 Vgl. Studentenheim in Dresden , in: a.a.O., 29; Das Studentenheim in Dresden, in: Bausteine. Monatsblatt für Innere Mission 54 (1922), 50.

9 Kurt Gröschel, Zur staatsbürgerlichen Erziehung in unseren Vereinen, in: Bundeswarte 42 (1919), 35 f.

10 Vgl. F. Riebold, Wir und die Parteien, in: Bundeswarte 43 (1920), 64.

11 Vgl. Apologetische Lehrgänge, in: Bundeswarte 42 (1919), 29.

12 Bundesversammlung, in: Bundeswarte 42 (1919), 36. Vgl. insgesamt Pastor Ficker, Zwickau, »Unsere Vereine und die neue Zeit« , in: a.a.O., 51 f.; 71 f.

13 Vgl. Dresdner Kreisverband, in: a.a.O., 46.

14 Vgl. Der Dresdner Kreisverband, in: a.a.O., 106; Schau- und Wetturnen des Kreisverbandes Dresden, in: a.a.O., 154.

15 Vgl. Sachsenbund, in: Der neue Tag. Monatsschrift für Deutschlands evangelische Jugend 7 (1926), 79.

16 A. Bähr, Christliche Mannhaftigkeit – nicht ohne Leibesübung, in: Der neue Tag 6 (1925), 148 f.; hier: 148.

17 Bundesversammlung, in: Bundeswarte 42 (1919), 36. Vgl. insgesamt Pastor Ficker, Zwickau, »Unsere Vereine und die neue Zeit«, in: a.a.O., 51 f.; 71 f.; 92.

18 Vgl. Vollrath Müller, Die evang. Jungmännerbewegung, in: Bausteine 57 (1925), 81–84; hier: 82.

19 Vgl. Bundeswarte 42 (1919), 114; 138; 162; 43 (1920), 6; 30.

20 Riebold, Der Kampf der Jugend gegen Schmutz und Schund, in: Bundeswarte 42 (1919), 177.

21 Vgl. Findeisen, Buch- und Kunstausstellung des Jungmännervereins der Kreuzgemeinde, in: Bundeswarte 43 (1920), 22.

22 Vgl. Kauft bei der Buchhandlung unseres Ev. Jungmännerbundes, in: Der neue Tag 2 (1921), 46.

23 Vgl. Unsere Bundesbuchhandlung, in: Der neue Tag 3 (1922), 110.

24 Die 12. Jahresversammlung des ev.-luth. Landesverbandes für die weibliche Jugend, in: Bausteine 51 (1919), 63.

25 Vgl. Die Tage von Freiberg, in: Der neue Tag 1 (1920), 131–134; hier: 133.

26 Vgl. Wendelin, Morgenrot? Allerlei Erfreuliches aus der Jugendbewegung, in: Bausteine 52 (1920), 110–114; hier: 113.

27 Vgl. Ludwig Liebs, Glauben an Gott und die Götter. Jugendbewegung und Bündische Jugend als religiöses Phänomen, Heidenheim 1976.

28 Vgl. Bodenstein, Ein Nachklang zur Jubiläumstagung des Ev.-luth. Jungmädchenbundes, in: Bausteine 64 (1932), 131–135; hier: 133.

29 Vgl. Frau Pfarrer Stephan, Führerlehrgang des Evangelisch-lutherischen Jungmädchenbundes in Sachsen, in: Bausteine 61 (1929), 28 f.; hier: 28.

30 R. Frölich, Evangelisch-lutherischer Landesverband für die weibliche Jugend, in: Bausteine 57 (1925), 79 f.

31 1. Verbandsjugendtag des Ev.-luth. Landesverbandes für die weibliche Jugend in Sachsen, in: Bausteine 53 (1921), 147 f.; hier: 147.

32 Vgl. R. Frölich, Evangelisch-lutherischer Landesverband für die weibliche Jugend, in: Bausteine 57 (1925), 79 f.; hier: 80.

33 Vgl. Aus der Arbeit an der weiblichen Jugend, in: Bausteine 52 (1920), 34–36.

34 Vgl. Agnes Seidel, Unsere Studienkreise, in: Bausteine 54 (1922), 86–90.

35 Vgl. Die 13. Landesversammlung des Ev.-luth. Landesverbandes für die weibliche Jugend in Sachsen, in: Bausteine 52 (1920), 69. Vgl. auch Bericht über den 5. Verbandsjugendtag des Ev.-luth. Landesverbandes für die weibliche Jugend in Sachsen. Döbeln, den 26.–28. September 1925, in: Bausteine 57 (1925), 177 f.; hier: 178; ferner 4. Lehrgang für reifere Vereinsmitglieder in Leipzig, in: Bausteine 54 (1922), 110 f.

36 Vgl. dazu auch Adolf Müller, Die Not des Liedes, in: Bausteine 58 (1926), 65–68.

37 R. Frölich, Evangelisch-lutherischer Landesverband für die weibliche Jugend, in: Bausteine 57 (1925), 79 f.; hier: 80.

38 Vgl. Gröschel, Neues Leben in unseren Jugendvereinen, in: Bausteine 54 (1922), 11 f.; hier: 12.

39 Eine Bundesvorstandssitzung, in: Der neue Tag 3 (1922), 110.

40 Vgl. Vollrath Müller, Die evang. Jungmännerbewegung, in: Bausteine 57 (1925), 81–84; hier: 82.

41 A.a.O., 82–84.

42 Vgl. a.a.O., 82.

43 Vgl. a.a.O., 83.

44 Vgl. Sächsischer Jungmännerbund, in: Der neue Tag 6 (1925), 175.

45 Vgl. Hiecke, Bundesfest des Evang.-luth. Jungmännerbundes, Glauchau, 4.–7. Sept., in: Bausteine 58 (1926), 187f.

46 Vgl. Ohne einen Wimpel, in: Der neue Tag 3 (1922), 110.

47 Fritz Riebold, Die christliche Pfadfinderbewegung, in: Bausteine 57 (1925), 84f.; hier: 84.

48 Vgl. Die Tage von Freiberg, in: Der neue Tag 1 (1920), 131–134; hier: 134.

49 Vgl. Fritz Riebold, Die christliche Pfadfinderbewegung, in: Bausteine 57 (1925), 84f.

50 Vgl. Schülerbibelkreisbewegung, in: Bundeswarte 42 (1919), 39. Vgl. auch Neues Regen in der Schülerwelt, in: a.a.O., 31. Vgl. insgesamt Tilmann Eysholdt, Evangelische Jugendarbeit zwischen »Jugendpflege« und »Jugendbewegung«. Die deutschen Schülerbibelkreise (BK) von 1919 bis 1934, Köln 1997.

51 Vgl. Ernst Pfeiffer, Stärke und Gliederung der katholischen Jugendbewegung im Bistum Meißen, in: St. Benno-Kalender 82 (1932), 41–54.

52 Bundesversammlung in Chemnitz, in: Bausteine 61 (1929), 11.

53 Vgl. Siegemund, Bautzen, 50jähriges Landesjubiläum des Ev.-luth. Jungmännerbundes in Sachsen. Dresden, Pfingsten 1928, in: Bausteine 60 (1928), 109f.; hier: 110.

54 Vgl. Bundesversammlung in Chemnitz, in: Bausteine 61 (1929), 11.

55 Vgl. Siegemund, Bautzen, 50jähriges Landesjubiläum des Ev.-luth. Jungmännerbundes in Sachsen. Dresden, Pfingsten 1928, in: Bausteine 60 (1928), 109f.; hier: 110.

56 Vgl. Die Vereinstage für Innere Mission vom 20.–22. April 1931 in Dresden, in: Bausteine 63 (1931), 65–84; hier: 77.

57 Siegemund, Bautzen, 50jähriges Landesjubiläum des Ev.-luth. Jungmännerbundes in Sachsen. Dresden, Pfingsten 1928, in: Bausteine 60 (1928), 109f.; hier: 110.

58 Vgl. Die Vereinstage für Innere Mission vom 5.–7. Mai 1930, in: Bausteine 62 (1930), 86–103; hier: 97.

59 Vgl. Bundesversammlung in Chemnitz, in: Bausteine 61 (1929), 11.

60 Vgl. Die Vereinstage für Innere Mission vom 5.–7. Mai 1930, in: Bausteine 62 (1930), 86–103; hier: 97.

61 Vgl. Die Vereinstage für Innere Mission vom 20.–22. April 1931 in Dresden, in: Bausteine 63 (1931), 65–84; hier: 77.

62 Vgl. Bodenstein, Führer- und Führerinnen-Lehrgang des Ev.-luth. Jungmädchenbundes auf der Jugendburg Hohnstein, in: Bausteine 62 (1930), 147f.

63 Vgl. Die Vereinstage für Innere Mission vom 5.–7. Mai 1930, in: a.a.O., 86–103; hier: 97.

64 Vgl. Die Vereinstage für Innere Mission vom 11.–13. April 1932 in Dresden, in: Bausteine 64 (1932), 70–85; hier: 83. Vgl. bereits Sächsischer Bund, in: Der neue Tag 6 (1925), 15.

65 Die Vereinstage für Innere Mission vom 20.–22. April 1931 in Dresden, in: Bausteine 63 (1931), 65–84; hier: 78.

66 Vgl. Der Jahresbericht des Ev.-luth. Jungmädchenbundes, in: a.a.O., 181.

67 Vgl. Bodenstein, Ein Nachklang zur Jubiläumstagung des Ev.-luth. Jungmädchenbundes, in: Bausteine 64 (1932), 131–135; hier: 133.

68 Vgl. Die Vereinstage für Innere Mission vom 5.–7. Mai 1930, in: Bausteine 62 (1930), 86–103; hier: 97.

69 Vgl. Von Kirchbach, Das Werk, in: a.a.O., 33–36; hier: 34f.

70 Vgl. Die Vereinstage für Innere Mission vom 20.–22. April 1931 in Dresden, in: Bausteine 63 (1931), 65-84; hier: 77; Freizeit für erwerbslose weibliche Jugend, in: Bausteine 62 (1930), 73f.

71 Vgl. Das Umschulungsheim Nennigmühle bei Pockau/Lengefeld, in: Bausteine. Monatsblatt für Innere Mission 63 (1931), 134; Dienst an erwerbsloser Jugend 1931. Berichte und Erfahrungen aus der Praxis, in: Bausteine 64 (1932), 22–24; hier: 23.

72 G., Im Kampf ums Volk, in: Bausteine 64 (1932), 43.

73 Neuer Film des Ev.-luth. Jungmännerbundes, in: a.a.O., 167f.

74 Vgl. Sachsenbund. Jungvolklager, in: Der neue Tag 12 (1931), 110.

75 Evangelische Jugendführerschulung in Grillenburg, in: Bausteine 64 (1932), 200.

76 Sachsenbund, in: Der neue Tag 12 (1931), 62.

77 Sachsenbund, in: a.a.O., 142.

78 Fritz Riebold, Vom Glauben an das Reich, in: Auf neuem Pfad 12 (1933), 7f.

79 Fritz Riebold, Prüfet die Geister. (Fortsetzung.), in: Auf neuem Pfad 11 (1932), 7f.; hier: 8.

Nora Goldenbogen, Gunda Ulbricht

Jüdische Jugendbewegung

Dass es in Deutschland auch eine jüdische Jugendbewegung gab, wurde der Öffentlichkeit vor dem Ersten Weltkrieg erstmals durch die Debatte deutlich, die als der »Zittauer Fall« in die Geschichte einging. Im Mai 1913 wurde einer jüdischen Schülerin die Aufnahme in den »Wandervogel« mit der Begründung verwehrt, es handele sich um eine »deutsche Bewegung«. Unabhängig von den konkreten Umständen dieser Entscheidung, die bis heute umstritten sind, entspann sich eine längere Diskussion innerhalb der Jugendbewegungen über ihr nationales Selbstverständnis. Viele Wandervogelgruppen machten in Zuschriften an die »Wandervogelführerzeitung« keinen Hehl aus ihrer Judenfeindschaft und die antisemitische Presse stimmte erfreut ein. Im Ergebnis der Debatte schloss der Gau Sachsen der Wandervogelbewegung nach einer Änderung seiner Satzung die jüdischen Mitglieder aus.[1] Andere Regionalgruppen dagegen, am deutlichsten der »Deutsche Wandervogel Groß-Berlin«, protestierten entschieden gegen die Diskriminierung der jüdischen Mitglieder. Auch ein außerordentlicher Bundestag im April 1914 konnte keine Entscheidung herbeiführen. Der Centralverein der deutschen Juden (CV) wehrte sich sehr heftig gegen den dort gefassten Beschluss, der die Aufnahme den einzelnen Gruppen überließ und damit, so die zutreffende Meinung des CV, antisemitischer Willkür Tür und Tor öffnete. Zum gängigen Argumentationsmuster wurde dabei die Vorstellung, Juden seien zu wenig natürlich, zu intellektuell, zu individualistisch, körperlich schwach und somit aus individuellen Eigenschaften heraus nicht für Gruppen passend.[2] Eine grundlegende Diskussion um die Integration oder Absonderung der jüdischen Jugendbewegungen, damit im Weiteren um das Verständnis von Nation und nationaler Jugend, war in Gang gekommen.

Am Ende des 19. Jahrhunderts lebten gerade die jüdischen Intellektuellen in einer seltsamen Spannung zwischen scheinbar sicherer Herrschaft von Recht und Ordnung, die sie als Staatsbürger des Deutschen Reiches einschloss, und zunehmender antisemitischer Publizistik und Literatur. Der politische Antisemitismus war auf dem Weg, eine bestimmende Kraft im Parteiensystem zu werden, er dominierte zeitweise die Dresdner Stadtverordnetenversammlung und forderte eine Positionierung heraus. Jüdische Studenten waren die ersten, die in Auseinandersetzung mit der Ablehnung durch bestehende Verbindungen ihre eigenen Organisationen, hauptsächlich im Kartell-Convent der Verbindungen deutscher Studenten jüdischen Glaubens, im Bund Jüdischer Corporationen und im Kartell Zionistischer Verbindungen, aufbauten.[3] Noch vor dem Ersten Weltkrieg entstanden die ersten jüdischen Jugendverbände. Die jüdische Jugendbewegung war gleichwohl eng verbunden mit den Entwicklungen der Jugendbewegungen in Deutschland insgesamt. Ihre Ziele und Inhalte, die Themen der Diskussion stimmten weitgehend mit der »Meißner-Formel« überein, die 1913 auf dem Hohen Meißner bei Kassel anlässlich der ersten Zusammenkunft von Wanderbünden und akademischen Vereinigungen in Deutschland ausgedrückt wurde: »Die Jugend will aus eigener Bestimmung, vor eigener Verantwortung, mit innerer Wahrhaftigkeit ihr Leben gestalten. Für diese innere Freiheit tritt sie unter allen Umständen geschlossen ein.« Die romantische Vorstellung einer einheitlichen, besonderen Jugend konnte jedoch nicht verhindern, dass die wirtschaftlichen, politischen und konfessionellen Schranken der Zeit fortwirkten, die Entwicklung der Jugendverbände bestimmten und ihre schnelle Differenzierung einschließlich zahlreicher Organisationsänderungen, Spaltungen und Vereinigungen bewirkten. In diesen Richtungsdiskussionen mussten auch die jüdischen Jugendlichen Stellung nehmen, umso mehr, als sie selbst Thema der Debatten wurden.[4]

Struktur und Tradition der Technischen Hochschule Dresden waren für eine jüdische Studentenverbindung denkbar ungeeignet. Nur wenige Juden sahen sich mit einer von den Korporationen beherrschten Studentenschaft konfrontiert, die sich hier gegen die andernorts erfolgreichen Versuche eines Zusammenschlusses der nichtkorporierten »Finken« durchsetzen konnten.[5] Erst 1927 entstand in Dresden der Verein jüdischer Studierender.[6]

Von dieser Ausnahme abgesehen, bildet die Dresdner Situation die Orientierungen und Probleme der jüdischen Jugendorganisationen in Deutschland beispielhaft ab. Vereint in der Abwehr gegenüber dem Antisemitismus, unterschieden sich die Verbände in ihrer Stellung zur Religion im Allgemeinen und der örtlichen Religionsgemeinde im Besonderen, in ihren Zielen hinsichtlich der Siedlung und Staatsbildungsbewegung in Palästina und in ihrer parteipolitischen Ausrichtung. Diese Bereiche kreuzten und überlappten sich in vielfältiger Weise, Doppelmitgliedschaften und die für die gesamte Jugendbewegung typische rasche Fluktuation verhindern oft eine eindeutige Zuordnung. Über einige Gruppen, wie zum Beispiel den Werkbund, die Sportvereinigung Schild im Reichsbund jüdischer Frontsoldaten, Tenuat Thora wa'Awoda [Bewegung Lehre und Arbeit] oder die Dresdner Gruppe des Blau-Weiß, erlauben die bisherigen Forschungen keine detaillierten Aussagen.[7] Ebenso fehlt es nach dem Verlust des Gemeindearchives an Quellen für den bereits vor 1914 existierenden Verband für männliche Jugendliche.[8]

Die Israelitische Religionsgemeinde selbst führte den Religionsunterricht durch drei eigene Lehrer und eine Lehrerin sowie die Rabbiner. Die eng mit der Gemeinde verbundene Fraternitasloge betrieb seit 1902 ein Mädchenheim, wo vor allem Kurse und Beratung für schulentlassene Mädchen angeboten wurden, den 1904 gegründeten Israelitischen Kinderhort, in dem täglich bis zu 80 Kinder zwischen 3 und 14 Jahren Aufnahme fanden[9] und eine Ferienkolonie im 1909 eröffneten Heim Oberrochwitz. Bis 1933 konnten hier jeweils etwa 120 Kinder die Sommerferien verbringen. Weiterhin wurde 1924 unter der Leitung von Siegfried Horowitz das Jüdische Jugendorchester Dresden gegründet. Etwa 15 bis 25 junge Musiker traten auf vielen Gemeindeveranstaltungen auf, pflegten die moderne jüdische Musik und erhielten eine fundierte Instrumentalausbildung.[10] An einige dieser Traditionen, wie die Ferienlager, knüpfte die Nachkriegsge-

תנועת תורה ועבודה
Brith Hanoar schel
„Zeïre Misrachi"

Ortsgruppe:

D r e s d e n

כרטיס חבר

Nr.

für

Natan Dyckiermann

Nicht übertragbar!

Mitgliedsausweis
des Zeire Misrachi 1938

meinde an und setzte sie bis nach 1990 fort, als wieder eine Vielfalt von Angeboten für die jüdischen Jugendlichen entstand.

Der bereits im Januar 1919 gegründete Jüdische Jugendverein stand ebenfalls der Fraternitas-Loge nahe und bündelte somit die bereits seit ihrer Gründung andauernden Bemühungen der jüdischen Gemeinde zu Dresden um die Heranwachsenden. Entsprechend der liberalen Ausrichtung der Gemeinde mit ausgeprägten Akkulturationstendenzen verstand er sich als deutsch-jüdische Organisation. Das Statut legte fest: »Der jüdische Jugendverein erzieht die in ihm vereinigte Jugend auf der Grundlage umfassender Neutralität zu bewusstem Judentum in gesamtjüdischem Denken und Wollen und im Geiste staatsbürgerlicher Gesinnung.«[11] Parallel zum Frauenverein ist in ihm die gemeindenahe Jugendorganisation mit einem gewissen Vertretungsanspruch zu sehen, in dessen Leitung sich jüngere Erwachsene der Gemeinde engagierten und um den sich der Rabbiner Albert Wolf verdient machte. Besonders bemerkenswert sind Mitwirkung von Männern und Frauen im Vereinsvorstand sowie das Ziel der »Förderung jüdischer Interessen und aller jugendlichen Ideale«[12] 1920 schloss der Verein sich dem Verband der Jüdischen Jugendvereine Deutschlands an. 1909 gegründet, umfasste dieser Dachverband auf seinem vierten Bundestag im Juni 1919 rund 41000 Mitglieder in 153 Vereinen.[13] Dem oftmals recht paternalistischen Einfluss der Religionsgemeinden versuchten sich immer wieder Jugendliche durch Ausgründungen zu entziehen, am bedeutendsten war der Austritt des sich stärker zionistisch orientierenden Jung-Jüdischen Wanderbundes 1922 und für Dresden in der Folge die Gründung einer Ortsgruppe.

Die Ortsgruppe des Deutsch-jüdischen Wanderbundes Kameraden hat sich wahrscheinlich ebenfalls nach Kriegsende gegründet und zielte auf die Erziehung ihrer Mitglieder zum deutsch-jüdischen Bekenntnis.

In Abgrenzung von der liberalen Grundausrichtung der Gemeinde schlossen sich besonders Zuwanderer aus Osteuropa zu Vereinen der orthodoxen Religionsausübung zusammen und schufen 1912 einen eigenen Schulverein. Ein Zusammenhang der Dresdner Jüdischen Vereinigung Esra zur gleichnamigen orthodoxen Jugendorganisation ist nicht nachgewiesen und eher unwahrscheinlich. Stark ausgeprägt war dagegen das zionistische Vereinsleben. Zeire Misrachi [etwa: gesetzestreue Jugend], die Jugendorganisation der in Dresden 1929 neu gegründeten Ortsgruppe der Zionistischen Föderation, sprach Jugendliche ab 17 Jahren an. Sie sollten auf orthodoxer Grundlage zur Beteiligung an der Alija [Migration nach Palästina] und am Aufbau in Palästina erzogen werden.

Ebenfalls dem Zionismus verpflichtet war die in Dresden 1926 gegründete Ortsgruppe der Kadimah [Vorwärts], der sich auch Mitglieder des Blau-Weiß-Wanderbundes und des Jüdischen Pfadfinderbundes in Deutschland anschlossen. Die Organisationform folgte der Pfadfindertradition mit »tenderfoots« bis zu 10 Jahren, »Young Scouts« zwischen 10 und 15 Jahren und Rovers. Sein Ziel fand dieser Zusammenschluss in der Erziehung der Mitglieder zu aufrechten, sich des Judentums bewussten jungen Menschen, dem Kampf gegen alle das Judentum zersetzenden und auflösenden Kräfte – das umfasste sowohl den Antisemitismus als auch die Akkulturationstendenzen –, der Beschäftigung mit der jüdischen Geschichte und Kultur und der Pflege der hebräischen Sprache.

Sowohl die Kadimah als auch der Jung-Jüdische Wanderbund wiesen starke personelle Verbindungen zu linken politischen Parteien auf, durch Peter Blachstein zur SPD und SAPD, durch Hans Dankner zur KPD, ohne dass deshalb eine politische Ausrichtung der Vereine in Dresden bisher nachweisbar wäre. Es muss dennoch von einer auch hier vorhandenen Auseinandersetzung zwischen sozialistischen und nichtsozialistischen Vorstellungen innerhalb des Zionismus ausgegangen werden.

Alle diese Vereinigungen bedienten sich mehr oder weniger der Formen, die auch die nichtjüdische »deutsche« Jugendbewegung für sich in Anspruch nahm: Fahrten, Boofen und Lagerfeuer waren beliebte Unternehmungen, es wurde gesungen und Kluft getragen. Speziell die jüdischen-nationalen Lieder und Reden der zionistischen Gruppen unterschieden sich wohl im Inhalt, kaum aber in Symbolik und Pathos von den nichtjüdischen Bünden. Pimpfe und Führer, das »singende Blut« und »durch Kampf zum Sieg« konnte man hier wie dort finden – und hier wie dort fühlten sich Jugendliche davon angezogen oder abgestoßen.[14]

Als offen für Juden aller politischen und religiösen Richtungen verstand sich der Sportverein Bar Kochba [Sternensohn]. Unter diesem Namen, der an den Anführer des 2. Jüdischen Aufstandes gegen die Römer 132–135 u. Z. erinnert, bildete sich 1919 die Dresdner Gruppe der Makkabi-Bewegung. Um dem verbreiteten Vorurteil von der geringen

Sportvereine Schild und Bar Kochba

körperlichen Leistungsfähigkeit der Juden entgegenzuwirken und gleichzeitig gute Voraussetzungen für die harte körperliche Arbeit bei der Ansiedlung in Palästina zu erreichen, rief der Zionistische Weltkongress von 1901 zur besonderen Förderung des Sports auf. Ein neues Selbstbewusstsein der jüdischen Sportler und Sportlerinnen sollte davon ausgehen, da auch die deutschen Turnvereine in ihrer Mehrzahl keine Juden aufnahmen. Friedrich Salzburg berichtet, wie für den 1890 an der Kreuzschule gegründeten Sportklub bereits in den 1890er Jahren dieser Beschluss gefasst wurde, ganz ähnlich auch im dortigen Literaturklub.[15] Bar Kochba Dresden konnte nach langen Bemühungen 1927 im Ostragehege einen eigenen Sportplatz von der Stadt pachten. Etwa 250 Mitglieder betrieben Fußball, Handball, Tischtennis, Leichtathletik und Gymnastik. 1930 erhielt der Verein ein Ehrendiplom des Deutschen Reichsausschusses für Leibesübungen für seine vorbildliche Jugendarbeit.

Mit der Neuordnung des Gemeindewahlrechts der Israelitischen Religionsgemeinde zu Dresden im Herbst 1930 ging ein jahrelanges Ringen um die Integration der zahlreichen Zuwanderer und die religiöse Ausrichtung der Gemeinde mit einem Kompromiss vorläufig zu Ende. Die Dresdner jüdischen Jugendvereine hatten in diesem Einigungsprozess und unter dem Druck der wirtschaftlichen Schwierigkeiten ihrer Mitglieder und der Gefährdung durch den Nationalsozialismus ebenfalls die gemeinsamen Ziele stärker in den Vordergrund gerückt. Bereits 1926 bildete sich die Deutsch-Jüdische Jugendgemeinschaft, die sich als ein Diskussionsforum gerade für die strittigen Gegenwartsfragen verstand. Der Zionismus wurde durch die sozialdemokratisch orientierten Mitglieder als eine Teilaufgabe des politischen Wirkens angesehen, so dass die Vereinigung offen für deutsch-jüdische wie auch für zionistische Positionen sein konnte. Im Herbst 1929 begann die Koordinierung ihrer Tätigkeit mit der des Deutsch-Jüdischen Jugendvereins

Jugendgruppe RJF um 1935

in einem Deutsch-Jüdischen Arbeitskreis, der die zionistischen Verbindungen noch ausschloss; aber ein halbes Jahr später bildeten sämtliche Jugendgruppen den Jüdischen Jugendring als ihre Dachorganisation. Seinem Wirken war es zu verdanken, dass im März 1932 das Dresdner Jugendheim als Stützpunkt für Hilfsbedürftige eröffnet werden konnte. Die wirtschaftliche und politische Lage stärkte gleichzeitig die organisierte Alija, so dass sich neben der Kinder- und Jugendgruppe des Hechaluz [Pionier, Auslandsorganisation der Kibbuzim] 1932 auch eine solche der Hapoel Hazair [Der junge Arbeiter] – Volkssozialistisch-zionistische Vereinigung bildete. Beide Gruppen zielten auf eine handwerkliche Befähigung der jungen Leute und ihre Motivierung für die Alija ab.

Im nationalsozialistischen Staat zwangen Entrechtung und Ausschluss aus Schulen und vom gesellschaftlichen Leben die jüdischen Jugendlichen zunächst zu einem engeren Zusammenhalt in den Bünden. Das führte zu steigenden Mitgliederzahlen. Religiös geprägte jüdische Jugendvereinigungen wurden nicht verboten, sondern zwangsweise in Landes- und Ortsausschüssen sowie im Reichsausschuss der jüdischen Jugendverbände zusammengefasst. Ein skurriles Ergebnis war, dass die Mitgliedsausweise nunmehr die Faksimileunterschrift des »Reichsjugendführers« Baldur von Schirach trugen. Nach der auch auf anderen Feldern bekannten scheinlegalen Weise wurden den Ausschüssen 1935 noch neue Satzungen abgenötigt. Hermann Schmidt, in Dresden Mitglied des zionistischen Jugendverbandes HaBonim [Die Erbauer], über den es hier an weiteren Quellen fehlt, erinnerte sich, dass nach 1933 jede Zusammenkunft der GESTAPO gemeldet werden musste, die dann zwei Beamte zur Kontrolle entsandte. Die Jugendlichen kommunizierten daraufhin teilweise in einer Art Code auf der Basis der neu erlernten hebräischen Sprache.[16]

Der Ring, die Organisation der nichtzionistischen Jugendvereine, ging 1937 unter dem Druck der GESTAPO zugrunde, der alleinige Schwerpunkt verlagerte sich auf die

Auswanderung. In der Woche der Novemberpogrome 1938 wurden nicht nur die Synagogen, sondern auch alle Ausbildungseinrichtungen der Hachschara [Vorbereitung auf die Auswanderung] im Reich von der SA überfallen, Jugendliche zusammengeschlagen und zum Teil in Konzentrationslager verschleppt. Die jüdischen Jugendvereinigungen wurden aufgelöst, nur wenige Reste des Hechaluz und einige Berufsvorbereitungskurse konnten die Arbeit noch einmal aufnehmen, wobei sich Berufsausbildung und Zwangsarbeit zunehmend vermischten und die Gruppen durch Deportationen ihre Mitglieder verloren. Im Widerstand der Gruppe Herbert Baum, in Bemühungen, den Zionismus im Ghetto oder Konzentrationslager zu einem geistigen Halt zu machen, scheinen noch einzelne Traditionsspuren der jüdischen Jugendbewegungen auf, bevor die Überlebenden des Holocaust in den Kibbuzim wie in den jüdischen Gemeinden der Nachkriegsjahre ein neues Kapitel aufschlugen.

Anmerkungen

1 Bernhard Trefz: Jugendbewegung und Juden in Deutschland. Frankfurt/M. u.a. 1999, S. 32f., Andreas Winnecken: Ein Fall von Antisemitismus. Köln 1991, S. 45–64.

2 Hermann Meier-Cronemeyer: Deutschlands jüdische Jugendbewegung. Versuch eines Fazits, in: Neues Lexikon des Judentums. Gütersloh 2000, S. 433–436.

3 Miriam Rürup: Jüdische Studentenverbindungen im Kaiserreich, in: Jahrbuch für Antisemitismusforschung 10 (2001), S. 113–137.

4 Jutta Hetkamp: Die jüdische Jugendbewegung in Deutschland von 1913 bis 1933. Münster, Hamburg 1994, S. 32.

5 Herzlicher Dank an Matthias Lienert, vgl. auch Reiner Pommerin: Geschichte der TU Dresden 1828–2003, Köln, Weimar, Wien 2003, S. 53–55, 125–127, 150–155; Matthias Lienert: Wissenschaft in Dresden vom letzten Drittel des 19. Jahrhunderts bis 1945. Dresden 1994.

6 Solvejg Höppner, Manfred Jahn: Jüdische Vereine und Organisationen in Chemnitz, Dresden und Leipzig 1918 bis 1933. Ein Überblick. Dresden 1997, S. 37 Alle statistischen Angaben über die einzelnen Organisationen sind dieser Quelle entnommen, soweit nicht anders angegeben.

7 Grundlegend: Chaim Schatzker: Jüdische Jugend im zweiten Kaiserreich. Frankfurt/M. u.a. 1988; Deutsch-jüdische Geschichte der Neuzeit, Bd. III, München 1997, S. 141–148; Hermann Meier-Cronemeyer: Jüdische Jugendbewegung, in: Germania Judaica N.F. 27/28 und 29/30 (1969), S. 1–121; Hetkamp, Jugendbewegung.

8 Gemeindeblatt der Israelitischen Religionsgemeinde zu Dresden 10 (1934) 2, S. 2.

9 Spurensuche. Hrsg. HATiKVA e. V. Hamburg 1995, S. 49.

10 Aktenzeichen unerwünscht. Dresden 1999, S. 12.

11 Höppner, Jahn, S. 35.

12 Jüdisches Jahrbuch für Sachsen, Ausgabe Dresden , Berlin 1931/32, S. 73.

13 Meier-Cronemeyer in: Germania Judaica, S. 59.

14 Meier-Cronemeyer, in: Germania Judaica führt zahlreiche Beispiele derartiger Texte an.

15 Friedrich Salzburg: Mein Leben in Dresden vor und nach dem 30. Januar 1933. Dresden 2001, S. 25–27.

16 Spurensuche, S. 51, vgl. die amtliche Bekanntmachung in: Gemeindeblatt 10 (1934) 9, S. 8.

Christiane Schmitt-Teichert

Die Dresdner Hitler-Jugend an der »Heimatfront«

Vom nationalsozialistischen Staat als »Garant der Zukunft« betrachtet, kam der heranwachsenden Generation im Nationalsozialismus besondere Bedeutung zu. Zwischen 1933 und 1945 war für Millionen Jungen und Mädchen in Deutschland die Hitler-Jugend (HJ) neben Familie und Schule eine wichtige Sozialisations-Instanz. In hohem Maße waren die Jugendlichen dem Zugriff des NS-Systems ausgesetzt und sollten durch den Dienst in der HJ möglichst restlos an die Leitbilder des Nationalsozialismus gebunden werden.[1]

Aufgrund der Aufgabenerweiterung der HJ im Zweiten Weltkrieg muss die Geschichte der HJ im Frieden von der im Krieg unterschieden werden. Die vorliegende Betrachtung der HJ in Dresden vertieft deren Bedeutung im Krieg und damit deren Wirken an der sogenannten »Heimatfront« Dresdens. Schließlich wird die Frage zu beantworten sein, ob für die HJ in Dresden in den Kriegsjahren die gleichen Entwicklungen galten wie reichsweit oder ob und aus welchen Gründen die Dresdner HJ möglicherweise eine Sonderrolle spielte.

Auch für Dresden begann mit der Machtübernahme des Nationalsozialismus 1933 die Durchsetzung des Totalitätsanspruchs der HJ im Bereich der Jugendarbeit. Der schnelle Erfolg war auf zwei Bedingungen zurückzuführen: zum einen erhielt die HJ eine Monopolstellung, da andere Jugendorganisationen trotz Widerstand aufgelöst, verboten oder gleichgeschaltet wurden. Zum anderen konnte sich die HJ nun der Lebensformen bemächtigen, die bereits in der Weimarer Republik entwickelt worden waren.[2] Diese Lebensformen beinhalteten auch für Dresden Heimabende, Fahrten und Lager und vor allem von Jugendlichen selbst geführte Jugendgruppen, abseits der Erwachsenenwelt.[3]

Mit der Ernennung Baldur von Schirachs zum »Jugendführer des Deutschen Reiches« am 17. Juni 1933 erreichte die Hitler-Jugendführung Befehlsgewalt über die gesamte deutsche Jugend, nicht nur über die HJ.[4] Bis 1939 wurde zumindest noch ein beschränktes Freiwilligenprinzip aufrechterhalten, das aber mit der Durchführungsverordnung zum HJ-Gesetz 1939 endete. Somit konnte die »Jugenddienstpflicht« notfalls mit Polizeigewalt durchgesetzt werden.[5]

In Dresden und reichsweit lässt sich für die Entwicklung der HJ von 1933 bis 1936 eine Übernahme der Kontrolle vieler Bereiche feststellen. Nach dem Übergehen der Funktionen der Landjugend und der Sportjugend bis 1936 in die HJ, wurde die Leibeserziehung zu einem zentralen Bestandteil der HJ-Aktivitäten. So wurden 1934 auch in Dresden für die HJ sportliche Leistungsabzeichen eingeführt, außerdem wurden Veranstaltungen

Hitlerjugend mit einem Modellfeuerwehrauto 1935 am Stübelplatz
(Aus dem Dokumentarfilm »Kampf dem roten Hahn«)

von Reichs-, Gebiets- und Bann-Sportwettkämpfen zur Pflicht.[6] In dieser Zeit entstand auch der »Landdienst«, der der HJ die Möglichkeit der Berufslenkung in landwirtschaftliche Bereiche gab.[7] Am Beispiel Dresdens bzw. Sachsens ist für die »Mädelarbeit« der HJ in Deutschland in den Jahren 1938/39 eine endgültige Gestaltung durch die Betonung der »hauswirtschaftlichen Ertüchtigung« festzustellen. Überdies wurde der Landdienst durch die Einführung des weiblichen Pflichtjahres ergänzt.[8]

Die Erfassung der Kinder bzw. Jugendlichen in einer Organisation der NSDAP begann mit der Aufnahme der Zehnjährigen zum Deutschen Jungvolk (DJ) als Pimpfe bzw. zum Jungmädelbund (JM), den Kinderorganisationen der HJ. Vom 14. bis zum 18. Lebensjahr waren die Jungen in der Hitler-Jugend, die Mädchen waren vom 14. bis zum 17. Lebensjahr im Bund Deutscher Mädel (BDM) organisiert.[9]

Was das Verhältnis der HJ zu den Schulen anbetrifft, war die HJ auch in Dresden einerseits darauf bedacht, den Einfluss der Lehrer auf den HJ-Dienst zu unterbinden, andererseits versuchte sie durch die Einführung von Vertrauenslehrern, sogenannten »Schuljugendwaltern«, die Berücksichtigung der Interessen der HJ im Schulleben institutionell zu sichern.[10]

Auch die Dresdner HJ war auf eine Zusammenarbeit mit den Schulen[11] angewiesen. Dies erforderte allein der Bedarf an Veranstaltungsräumen. Dresdner Schulen stellten

Räume und Turnhallen für Veranstaltungen der HJ oder für Lager zur Verfügung, z. B. für die Werbung zum Landdienst oder für ähnliche Berufsaufklärungsaktionen.[12] Die Zusammenarbeit der Dresdner HJ mit ihren Vertrauenslehrern an den Schulen kann beispielsweise anhand der Organisation von Theaterbesuchen nachvollzogen werden. Nach Absprachen des Veranstaltungsringes der HJ Dresden mit der Generalintendanz der Sächsischen Staatstheater erhielt die Hitler-Jugend jahrelang die Möglichkeit, Jugendvorstellungen für sich zu nutzen, die in Zusammenarbeit mit den Schulleitern und Vertrauenslehrern der HJ vorbereitet wurden. Geplant waren hier für die Schüler fünf Vorstellungen, u. a. Kleist: Prinz Friedrich von Homburg sowie Schiller: Die Räuber und Lessing: Minna von Barnhelm.[13] Neben Theaterbesuchen organisierten die Führer der Dresdner HJ auch »Jugendfilmstunden« für ihre Gruppen. Die Gaufilmstelle Sachsens stellte hierfür Filme zur Verfügung.[14]

Im Krieg erhielt die HJ in Deutschland eine Reihe neuer Funktionen. Auch in Dresden wurde die HJ von den Nationalsozialisten zu einem Teil der »Heimatfront« erklärt. Der Begriff »Heimatfront« oder auch »innere Front«, von den Nationalsozialisten als »Rückrat der äußeren Front« stilisiert, sollte als Propaganda-Mittel wirken, eingesetzt, um alle verfügbaren Ressourcen für »kriegswichtige« Arbeit im Land zu mobilisieren.

Neben der »kriegswichtigen« Arbeit an der »Heimatfront« sollten die Jungen durch Schießausbildung und Geländedienste auf den Krieg vorbereitet werden. Schon im Frieden hatte Artur Axmann, seit 1940 Reichsjugendführer, die Wichtigkeit dieser Ausbildung hervorgehoben. Für Sachsen betonten 1939 der HJ-Gebietsführer, Helmut Möckel, und ab 1941 der Hauptbannführer und K-Gebietsführer Alfred Frank die militärische Ausrichtung der HJ.[15] Die »vormilitärische Ausbildung« erfuhr im Krieg eine Erweiterung.[16] Auch für die HJ-Jungen in Sachsen beinhaltete diese »Kriegsausbildung der 16- bis 18-Jährigen« neben den Gelände-, Sport- und Schießdiensten den sogenannten theoretischen Unterricht in Gelände- und Kartenkunde.[17] Auch die Teilnahme der Dresdner Hitlerjungen an militärischen Übungen, zu denen sie die Annahmestelle für Offiziersbewerber als Zuschauer einlud, sollte die Jungen vorbereiten, irgendwann die »Heimatfront« in Richtung »äußere Front« zu verlassen.[18]

Was die sogenannten »Heimdienste« anbetrifft, wurden sie im Krieg auch in Dresden oft für das »Werken für das Kriegs-Winterhilfswerk« (WHW) genutzt. Vor dem Krieg hatten sie meist der Organisation und Vorbereitung von Fahrten und Feiern oder der Schulung gedient.[19] Die Führer der sächsischen HJ- und BDM-Einheiten, denen fast die gesamte Organisation oblag, hatten sich beim Ortsbeauftragten für das WHW nicht nur nach dem Bedarf an Spielsachen für die Weihnachtsbescherung hilfsbedürftiger Familien zu erkundigen und dann die Arbeiten in ihren Gruppen zu verteilen, sondern mussten sich auch um die Beschaffung von Material und Werkzeugen kümmern. Um die Jugendlichen für solche Aktivitäten zu motivieren, wurde nicht selten in Aussicht gestellt, die besten Arbeiten für die Bevölkerung auszustellen.[20] Ein Beispiel hierfür lieferte 1939 eine Präsentation des Dresdner BDM in einem Laden auf der Pirnaischen Straße. Die dort gezeigten Kleider und Spielsachen, hergestellt durch Dresdner BDM-Gruppen, stießen bei den Dresdnern durchaus auf Interesse.[21]

Mitglieder des BDM bei einem Sportfest, Foto F. Eschen

Ebenso zeitaufwendig waren für die HJ in Dresden und im Reich die häufigen Sammelaktionen im Krieg. Oft gestalteten Dresdner Hitler-Jungen und BDM-Mädel die Straßensammlungen, wie z. B. zugunsten des Deutschen Jugendherbergswerkes. Neben dem Verkauf von Abzeichen standen bei diesen Veranstaltungen über mehrere Tage Platzkonzerte des Gebietsmusikzuges und des Bannmusikzuges der HJ vor dem Dresdner Hauptbahnhof und auf dem Altmarkt auf dem Programm.[22] Die Dresdner HJ kam auch bei der Aktion um den Zentralschulgarten zum Einsatz. Bei dieser von der Reichsarbeitsgemeinschaft »Ernährung aus dem Walde« ausgehenden Aktion wurden durch die Jugend Pflanzen und Kräuter gesammelt, die geeignet schienen, die sogenannte »Volksgesundheit« zu fördern. Der Dresdner Zentralschulgarten lieferte hierbei das Anschauungsmaterial. Die Jugendlichen wurden vor allem zum Sammeln von »deutschen Hausteepflanzen« eingesetzt, von denen große Mengen für die Wehrmacht benötigt wurden.[23] An einem solchen Beispiel wird die von den Nationalsozialisten propagierte Verbindung zwischen »Heimatfront« und »äußerer Front« deutlich. Um diese Verbindung zu festigen, verpflichtete sich die HJ in Sachsen, Kontakte zu den Soldaten zu halten. Zu diesem Zweck gab die Gebietsführung die sogenannte »Feldpost« für die Soldaten heraus, in der Jugendliche aus Sachsen und Dresden von ihrer Arbeit in der Heimat berichteten.[24]

Wie im Reich traten HJ und BDM im Krieg auch in Dresden oft für Partei-Einsätze und repräsentative Aufgaben, z. b. im Rahmen von NSDAP-Parteiveranstaltungen und bei Kundgebungen aus aktuellen Anlässen auf. Gemeinsam mit der NS-Frauenschaft und dem Kammerorchester Dresden lieferte die Dresdner HJ 1940 bei einer Feierstunde der NSDAP im Hygiene-Museum hierfür ein Beispiel.[25] Auch ein Anlass wie der Einmarsch deutscher Truppen in Paris bot eine passende Gelegenheit für eine stundenlange politische Kundgebung der HJ in Dresden, um die Jugend als Propagandainstrument einzusetzen und damit Stimmungen in der Bevölkerung zu beeinflussen.[26] Solch ein Aufgebot – im ideologischen Dienst der Partei – sollte freilich den Anschein einer spontanen Demonstration erwecken.

Auch die Land- und Ernteeinsätze, die einen wichtigen Teil der »Heimatfront« bildeten, wurden im Krieg für die Jugendlichen reichsweit intensiviert. Für die Dresdner Jugendlichen war bereits im Sommer 1940 ein zweiwöchiger Einsatz in der Ferienzeit vorgesehen gewesen.[27] Laut nationalsozialistischer Propaganda waren solche Ernteeinsätze für die Jugendlichen eine »Freude«. Tatsächlich sah die Lage im Sommer 1942 für einige Dresdner Jugendliche anders aus. Kurz nach Beginn ihres Ernteeinsatzes in Bautzen wird in den »geheimen Lageberichten des Sicherheitsdienstes der SS« gemeldet, dass wider Erwarten ein Teil von ihnen ihre Arbeitsstelle verlassen hatte oder heimgeschickt worden war. Als Grund wurde vielfach die Schwere der Arbeit oder der Mangel an Einsicht für die Arbeit angegeben.[28]

Am Beispiel Dresdens wird deutlich, wie auch Deutschlands Sommerlager sich im Krieg veränderten. Für die Jungen waren die Lager vor dem Krieg von der Zeiteinteilung weniger fest strukturiert gewesen. Der Schwerpunkt hatte eher auf »lustigen Lagernachmittagen« gelegen, an denen allgemein gespielt wurde.[29] Aus dem Sommerlager wurde nun das »Kriegs-Sommer-Lager«. 1940 standen für die HJ-Jungen bei einem 10-tägigen Programm täglich mehrere Stunden Sport, u. a. Schießen und politische Schulungen auf dem Programm. Außerdem wechselten sich Spielnachmittage und Geländedienste ab, wozu die »Erntehilfe« zählte.[30] Auch für die sächsischen BDM-Mädel gab es in den Sommerlagern in der Kriegszeit nicht nur Wettkämpfe und Sportfeste, sondern auch Ernteeinsätze.[31]

Die Kriegssituation berücksichtigend, hatte 1940 die HJ in Sachsen die Sommerlager für die HJ und den BDM nur innerhalb des sächsischen Heimatgaues eröffnet, um die Reichsbahn nicht zu belasten. Insgesamt verlebten 1940 ca. 60 000 Jungen und Mädchen ihre Ferien in den HJ-Sommerlagern Sachsens. Um die weltanschauliche Ausrichtung der Hitler-Jungen zu festigen, sprachen Offiziere der Wehrmacht in den Lagern zu den Jungen.[32] Auch der sächsische Gauleiter Martin Mutschmann besuchte 1940 drei Sommerlager der sächsischen HJ und des BDM: Papstdorf, Koppelsdorf und Ottendorf. In seinen dortigen Ansprachen an die Hitler-Jungen betonte er die Aufgabe der Lager, um die Jungen auf ihre »große Lebensaufgabe« vorzubereiten.[33] Da Gelände- und Schießdienste zum späteren Eintritt in die Wehrmacht vorbereiten sollten, war die »große Lebensaufgabe« der Jungen klar: ihr späterer Einsatz im Krieg. Mutschmann, der sich 1940 in den Sommerlagern aber auch an die BDM-Mädchen wandte, hob vor allem die Rolle der Frau als künftige Mutter und Erzieherin der Kinder hervor.[34]

Pimpf in Sommeruniform
aus dem Gau Sachsen-Mitte,
Foto E. Heller 1935

Diese in den 30er Jahren von den Nationalsozialisten propagierte Rolle der Frau »im Haus« musste im Kriegsverlauf zum Problem werden. Mit dem Bedarf an Arbeitskräften veränderte sich die Tendenz der Frauenrolle in Richtung Arbeitseinsatz im Krieg und damit den direkten Einsatz an der »Heimatfront«, was die ursprüngliche nationalsozialistische Intention in Frage stellen musste. Infolge des verstärkten Arbeitseinsatzes der Frauen wurde die Unterbringung ihrer Kinder zu einer vordringlichen Aufgabe. Deshalb wurde der BDM in Sachsen gemeinsam mit der NS-Frauenschaft durch die Einrichtung von »Hilfskindergärten«, in denen Kinder von BDM-Mädchen und Frauen betreut wurden, aktiv.[35] Ebenso wurden sächsische BDM-Mädchen zur Beaufsichtigung von Schularbeiten in städtischen Kindergärten eingesetzt, um die berufstätigen Mütter zu entlasten.[36] Mit dieser Unterstützung des Arbeitseinsatzes der Frauen im Krieg erhielten die BDM-Mädchen eine weitere Aufgabe an der »Heimatfront«.

Um hinsichtlich der durch den Krieg gewandelten Frauenrolle Einfluss auf die weibliche Bevölkerung zu nehmen, veranstalteten die Dresdner BDM-Gruppen mit dem BDM-Werk »Glaube und Schönheit« und der sächsischen NS-Frauenschaft ca. 85 Mütter- bzw. Frauenabende. Zum einen wurde für die Kriegseinsatzdienste geworben. Zum anderen wurden die Führerinnen des BDM 1943 verstärkt angehalten, ihre Mädchen zusammenzuhalten und »auszurichten«. Auf diesen Abenden traten neben der Obergauführerin Charlotte Kling Rednerinnen und Ärztinnen des »rassepolitischen Amtes« und der NS-Frauenschaft auf. Die

Dresdner BDM-Mädchen sollten hier mehr denn je auf Disziplin ausgerichtet werden. Besonders das Verhalten gegenüber Ausländern, »fremdländischen Arbeitern« und Kriegsgefangenen stand im Vordergrund.[37] Derartige Anweisungen bezogen sich auf das BDM-Motto »rein bleiben«. Es reiht sich ein in die Erziehungsziele des BDM von »Sittlichkeit« und »Unberührtheit«. Laut Lageberichten des Jugendführers des Deutschen Reiches ist es jedoch häufig zu »Leichtlebigkeit auf sexuellem Gebiet« und auch nicht selten zu sexuellen Kontakten zwischen BDM-Mädchen und »fremdvölkischen Arbeitern« gekommen.[38]

Reichsweit war eine der wichtigsten und umfangreichsten Aktionen der HJ im Krieg die »Kinderlandverschickung« (KLV), die ab 1941 in großem Maßstab anlief. Dabei wurden schulpflichtige Jungen und Mädchen aus luftkriegsgefährdeten Gebieten in andere Bezirke evakuiert. In schulischer Hinsicht wurden die Kinder in den Lagern von Lehrkräften betreut. Jungvolk-Führer oder Jungmädelführerinnen übernahmen einen weiteren Teil der Betreuung.[39] Die Evakuierung der Dresdner Schulkinder wurde erst 1943 geplant.[40] In der Zeit davor spielte der Gau Sachsen vor allem die Rolle des Gastgebers. Viele Lager nahmen ab 1940 Kinder aus anderen Teilen des Reiches auf.[41] Der BDM in Sachsen, gezielt dafür eingesetzt, die Weihnachtszeit mit diesen Kindern zu verbringen, erhielt nun den Auftrag, die Gäste in den Lagern in Form von Weihnachtsabenden mit Feierstunden, Singen und Basteln zu betreuen. Was zunächst nur spielerisch aussah, wurde auch von der Absicht getragen, den Gästen Wissen über den Gau Sachsen zu vermitteln.[42] Fernab vom Elternhaus waren die Jugendlichen hier verstärkt dem ideologischen Einfluss des NS-Systems ausgesetzt.

Wie auch am Beispiel Dresdens sichtbar wird, zeigten die letzten Kriegsjahre eine zwiespältige Entwicklung der HJ in Deutschland. Auf der einen Seite kam es reichsweit zu einer Intensivierung des Kriegseinsatzes, u. a. mit dem »Osteinsatz« von HJ und BDM, Luftschutzdiensten an der »Heimatfront« und Aufstellungen von HJ-Luftwaffen- und Marinehelferinnen. Außerdem wurde in der Schlussphase des Krieges die HJ als »Drittes Aufgebot« des sogenannten Volkssturms zum Teil direkt bei Kampfhandlungen eingesetzt. Teilweise zweifellos von echter Bereitschaft einiger HJ-Angehöriger getragen, stellten diese Einsätze einen psychologischen »Höhepunkt« der HJ-Tätigkeit dar. Auf der anderen Seite kam es gerade in diesen Jahren zu Disziplinproblemen.[43]

In Dresden sind starke Disziplinschwierigkeiten der HJ schon 1942 zu beobachten. In diesem Jahr häufen sich Beschwerden vieler Schulen an das Dresdner Stadtamt für Volksbildung.[44] Neben vergleichsweise harmlosen Vorkommnissen kam es aber auch zu schwereren Schäden. Nicht selten wurden Verwüstungen an Schulen, verursacht durch die HJ, gemeldet. Beispielsweise stellte der Rektor der 38. Volksschule in Dresden, nachdem die HJ-Angehörigen die Schulräume verlassen hatten, fest, »daß in den Waschbecken in den beiden Vorräumen zum Knabenabort das Wasser überlief. Sie waren benutzt worden, ohne daß das Wasser abgestellt wurde. Die Vorräume waren überschwemmt [...] Ebenso lief der Wasserhahn im Erdgeschoßkorridor auf der Knabenseite. Der Fußboden war voller Wasser. Etwa 6 Knabenklosette waren benutzt worden, ohne daß die Spülung gezogen worden wäre. Die Zugketten waren vielmehr oben über die Holzwände gelegt worden. Daraus geht eindeutig hervor, daß mit Absicht gehandelt wurde.«[45]

Dresdner Hitler-Jugend bei einer »Morgenfeier« im Großen Garten 1943

»Mit Absicht gehandelt« – Die Häufigkeit solcher Szenen zog in Dresden Untersuchungen ähnlicher Angelegenheiten nach sich. Hitler-Jungen wurden durch die Schulen verhört und mussten schriftliche Stellungnahmen zu ihrer Verteidigung abgeben.[46] Obwohl die Dresdner HJ zumindest teilweise ihre Führer zur Verantwortung zog,[47] konnte nicht von einer Besserung der Lage gesprochen werden. Die Dresdner HJ selbst machte die entscheidende Aussage zur Ursache der Disziplinprobleme. Stammführer Corth räumte ein, dass «eine Besserung schwierig sei, da bei der HJ geeignete Führer mit genügender Autorität fast ganz fehlen.«[48] Gegenwärtig kann nicht geklärt werden, ob diese für die Dresdner HJ getroffene Aussage über das Fehlen »geeigneter Führer« auch für die reichsweite HJ galt. Eine – möglicherweise – in diesem Zusammenhang stehende Tatsache war jedoch der aktive und passive Widerstand Jugendlicher gegen die HJ in der Kriegszeit, der vielleicht durch »geeignete Führer« eher unterdrückt worden wäre. Die HJ-Führer im Reich begegneten dem verstärkten Unwillen Jugendlicher gegen die HJ-Dienstpflicht durch Disziplinarmittel, Zuhilfenahme des Staates, Ausweitung des Jugend-Arrestes und Verstärkung des militärähnlichen Drills.[49]

In Dresden und reichsweit wurde die HJ im Krieg auch für Arbeiten für den Staat und die Kommunen, wie z. B. für Melde- und Luftschutzdienste eingesetzt, ebenso auch in Betrieben an der «Heimatfront», wo durch den Krieg Arbeitskräftemangel bestand.[50] So begann auch die Dresdner Straßenbahn im September 1942 die ersten Jugendlichen des HJ und BDM einzustellen. Nachdem sie eine Schaffner-Ausbildung absolviert hatten, konnten die HJ-Schaffner und BDM-Schaffnerinnen an den Wochenenden beschäftigt werden, darüber hinaus meist nur in den Ferien.[51] Die Gesamtarbeitszeit einschließlich Lehre und Schule durfte in der Woche 56 Stunden nicht überschreiten.[52]

Einen weiteren wichtigen Teil der »Heimatfront« bildete der Luftschutz. Auch in Dresden wurden – wie in anderen Städten – Hitler-Jungen und BDM-Mädel im Luftschutz eingesetzt. Das geschah nicht nur in den Schulen, sondern auch direkt bei der Dresdner Luftschutzpolizei. Das städtische Jugendamt spricht 1943 von Jugendlichen, die jede dritte Nacht zum Dienst herangezogen wurden, was zu erheblichen Belastungen und Problemen in der Schule führte. Auch das DRK griff auf die Dresdner Jugend zurück, um nachts die Katastrophenbereitschaft zu sichern.[53] Ob es nun die Arbeit beim DRK, in Betrieben, beim Luftschutz oder in anderen Einrichtungen der Stadt war, die Dresdner Jugend deckte hier einen Teil des durch den Krieg entstandenen Arbeitskräftebedarfs an der »Heimatfront«.

In der Kriegszeit in Deutschland waren bei Kindern und Jugendlichen aber auch Verweigerungen festzustellen. So wurden 1944 reichsweit Zusammenschlüsse von Jugendlichen in Cliquen beobachtet, die außerhalb der HJ ein Sonderleben führten, das gegen nationalsozialistische Grundsätze verstieß, meist nichts mit politischer Widerstandshaltung, sondern eher mit subkulturellem Protest zu tun hatte. So wurde Ende 1944 auch in Dresden eine Gruppe Jugendlicher verhaftet, weil diese lange Haarmähnen trugen, flegelhaft auftraten und Aufforderungen zum HJ-Dienst ignorierten. Sie führten ein Sonderleben, das im Gegensatz zum HJ-Gemeinschaftsleben stand. Die meisten von ihnen wurden zu einer Jugendgefängnisstrafe verurteilt.[54]

Bis kurz vor Kriegsende kann Dresden und seine HJ in die reichsweiten Entwicklungen eingeordnet werden. Gegen Kriegsende erhielt die Stadt jedoch eine zentrale Funktion als eine bedeutende Aufenthalts- und Durchgangsstation für die nach Mitteldeutschland strömenden Millionen Flüchtlinge aus dem Osten. Damit standen die »Kräfte« der »Heimatfront« Dresdens und anderer mitteldeutscher Städte vor der Frage der Bewältigung des Flüchtlingsproblems. In großem Umfang stellte die Stadt Notunterkünfte wie Schulen, Turnhallen und Gaststätten zur Verfügung.[55] Bei der Bewältigung dieses Menschenandranges fungierten u. a. auch Hitler-Jungen als Helfer. Ein ehemaliger Kreuzschüler, Anfang Februar 1945 am Hauptbahnhof eingesetzt, berichtet von einer vorbildlichen Organisation dieser Abläufe. Die Hitler-Jungen und andere Kräfte, zuständig für den Transport der Flüchtlinge vom Bahnhof zu den Notunterkünften, nutzten für die Beförderung meist die Straßenbahn.[56]

Auch nach der schweren Zerstörung der Stadt am 13. und 14. Februar 1945 wurde die Jugend in Dresden in weitere Maßnahmen zur Verteidigung mit einbezogen. Die Dresdner erfuhren im April 1945 durch Gauleiter Mutschmann, dass ihre Stadt im Januar 1945 zur Festungsstadt erklärt worden war. Die Verteidigung der Stadt sollte von vier Divisionsgruppen übernommen werden. Diese bestanden u. a. aus »Ersatz- und Genesenden-Einheiten«, Volkssturmbataillonen und auch »Hitler-Jugend-Formationen«.[57] Sämtliche Einwohner vom 14. Lebensjahr an wurden zu Schanzarbeiten verpflichtet sowie zum Bau von Straßensperren.[58] Die Jugend in Dresden sollte Aufgaben an der »Heimatfront« bis zum Kriegsende erfüllen, auch als 16-jährige Hitlerjungen-Volkssturmmänner.

Resümierend bleibt festzustellen: Die 30er Jahre der HJ in Dresden, mit dem Schwerpunkt auf dem Ausbau der Leibeserziehung und der Einführung des Landdienstes, zeigen keine andere Entwicklung als im Reich. Was die Kriegszeit anbetrifft, kann die Dresdner HJ auch in die reichsweite Entwicklung hinsichtlich der vormilitärischen Ausbildung und der Arbeitseinsätze eingeordnet werden. Die wirtschaftliche Bedeutung dieser Ernteeinsätze und Sammlungen sowie weiterer Arbeiten für den Staat und die Kommunen, wie z. B. Meldedienste und Luftschutzdienste sowie auch Einsätze in Betrieben an der »Heimatfront«, darf nicht unterschätzt werden, vor allem hinsichtlich des Beitrages der HJ zum Ausgleich des Arbeitskräftemangels.

Im Laufe des Krieges lässt sich für die HJ in Dresden jedoch eine besondere Situation feststellen. Sie liegt begründet in Dresdens Sonderrolle aufgrund seiner geographischen Lage. Wie dargestellt, erhielt die Stadt zentrale Bedeutung hinsichtlich des Flüchtlingsproblems, bei dessen Lösung auch Dresdner Hitler-Jugendliche zur Sicherung dieser Abläufe eingesetzt waren. Eine weitere Sonderrolle Dresdens ergibt sich aus seinem Alltag als nationalsozialistische Gauhauptstadt für fast die gesamte Kriegszeit. Denn aufgrund der Tatsache der – im Vergleich zu anderen Städten – späteren Zerstörung, am 13. Februar 1945, funktionierten in Dresden die Abläufe an der »Heimatfront«, an der auch die Dresdner HJ ihren Platz einnahm, fast bis zum Kriegsende. Darin liegt Dresdens Hauptbesonderheit: Die Dresdner führten ihr »normales« Leben im Krieg in einer bis Februar 1945 nicht zerstörten Stadt. Auch in diesem Punkt unterscheidet sich die HJ in Dresden von der HJ in anderen Städten, da die »Heimatfront« in Dresden bis Februar 1945 nicht in dem Maße wie in anderen Städten von den Auswirkungen des Bombenkrieges betroffen war.

Anmerkungen

1 Vgl. Matthias von Hellfeld und Arno Klönne, Die betrogene Generation: Jugend im Faschismus, Köln 1985, S. 13.
2 Ebenda, S. 32.
3 BDM-Führerinnendienst, Obergau Sachsen (16), Dresden, März, April, Mai 1939, S. 1–40 und Juni, Juli, August 1939, S. 3 und Junger Wille: Führerdienst der HJ. Gebiet Sachsen (16), Dresden, Folge 2, April 1938.
4 Vgl. Arno Klönne, Jugend im Dritten Reich: Die Hitler-Jugend und ihre Gegner, Köln 1999, S. 48.
5 Ders., Jugend im Dritten Reich, S. 51 und Matthias von Hellfeld und Arno Klönne, Die betrogene Generation, S. 93.
6 Führerdienst zur Ausgestaltung des Staatsjugendtages im Jungvolk des Gebietes 16 (Sachsen) HJ, b, 4/36, »Das DJ-Leistungsabzeichen«, S. 2–3 und ebenda, a, 4/36, »Die Pimpfenprobe«, S. 2 und BDM-Führerinnendienst, Juni, Juli, August 1939 und ebenda, März 1939 und ebenda, April, Mai, Juni 1941 und Junger Wille: Führerdienst der HJ. Gebiet Sachsen (16), Dresden, Folge 5/6, Juli 1938.

7 Vgl. Arno Klönne, Jugend im Dritten Reich, S. 27–30.
8 Ebenda, S. 32,33 und BDM-Führerinnendienst, Mai 1939, S. 1–42.
9 Vgl. Arno Klönne, Jugend im Dritten Reich, S. 43.
10 Ebenda, S. 52–54.
11 Zum Dresdner Schulwesen im Nationalsozialismus: Ullrich Amlung, Dresdner Schulwesen in der Zeit des Nationalsozialismus 1933–1945, in: Dresdner Geschichtsbuch, Bd. 8, Altenburg 2002, S. 181–207 und Beitrag von Ullrich Amlung über das Schulwesen in der Gauhauptstadt, in: Holger Starke (Hrsg.) Geschichte der Stadt Dresden, Bd. 3: Von der Reichsgründung bis zur Gegenwart, Stuttgart 2006, S. 454–461.
12 Stadtarchiv Dresden (StadtAD), Schulamt 2.3.20, Verfügungen 1530, Bd. 1, Bl. 14 (Stadtrat Redder an die Leiter der Städtischen Schulen, 23.1.1942), Bl. 128 (Stadtrat Redder, 18.7.1944).
13 Ebenda, Film, Theater, Konzert 1559, Bl. 47, 48 (Veranstaltungsring der Hitler-Jugend Dresden an den Leiter der Schule, September 1942, 1943).

14 Die schaffende Jugend in der DAF, Gau Sachsen, Sonderrundschreiben für die Jugendwalter im Gau Sachsen, Dresden 1936.

15 Die HJ-Gebietsführung Sachsen hatte in den 30er Jahren bei Franz A. J. Schnaedter, Wilhelm Busch, Helmut Möckel gelegen. Die Leitung des BDM-Obergaues Sachsen hatte ab 1941 die Obergauführerin Charlotte Kling. In Dresden, dem HJ-Bann 100, waren in den 40er Jahren u. a. die Stammführer Schatz, Corth und Rückert eingesetzt, die dem Bannführer unterstanden. Als BDM-Untergauführerin von Dresden fungierte 1940 Elly Eckmann.

16 Vgl. Arno Klönne, Jugend im Dritten Reich, S. 32,33.

17 Junger Wille, 6/39 (Oktober), S. 4, 11 und 7/39 (November, Dezember), S. 23, 27 und ebenda, 1/40 (Januar), 2/40 (Februar), 3/40 (März).

18 Der Freiheitskampf, 3. Juli 1943, S. 4.

19 Junger Wille, 4/39 (Juni), S. 4 und 2/39 (April), S. 4 und BDM-Führerinnendienst, Obergau Sachsen (16), Dresden, September, Oktober 1940; November, Dezember 1939; Oktober, November 1941.

20 Junger Wille, 8/40 (Oktober), S. 9, 12 und 7/39 (November, Dezember), S. 7–22 und BDM-Führerinnendienst, September, Oktober 1940; November, Dezember 1939; Oktober, November 1941.

21 Arbeitsanweisungen der NS-Frauenschaft, Gau Sachsen, Januar 1939, Nr. 1, S. 14.

22 Der Freiheitskampf, 10. Juni 1940, S.6.

23 Der Freiheitskampf, 28. Mai 1940, S. 6.

24 Feldpost, herausgegeben von der Gebietsführung Sachsen (16) HJ, Dresden, 1940, Nr. 4.

25 Der Freiheitskampf, 27. Mai 1940, S. 6.

26 Der Freiheitskampf, 15. Juni 1940, S. 6.

27 Der Freiheitskampf, 9. Juni 1940, S. 6.

28 Meldungen aus dem Reich (Nr. 312), 27. August 1942, in: Boberach, Heinz (Hrsg.): Meldungen aus dem Reich. Die geheimen Lageberichte des Sicherheitsdienstes der SS 1938–1945, Band 11, Herrsching 1984, S. 4128.

29 Junger Wille, Folge 5/6, Juli 1938, S. 1–61.

30 Junger Wille, 6/40 (Juli/August), S. 4–7.

31 BDM-Führerinnendienst, September 1941.

32 Der Freiheitskampf, 26. Juni 1940, S. 6 und 2. Juli 1940, S. 6.

33 Der Freiheitskampf, 26. Juli 1940, S. 6.

34 Der Freiheitskampf, 26. Juli 1940, S. 6.

35 Arbeitsanweisungen der NS-Frauenschaft, 5. Jahrgang, August/September 1939, Folge 16/17, S. 253.

36 Ebenda, 7. Jahrgang, 12.7.1941, Folge 11, S. 91.

37 Der Freiheitskampf, 18. Juni 1940, S. 9.

38 Vgl. Martin Klaus, Mädchen im Dritten Reich, Köln 1983, S. 119.

39 Vgl. Matthias von Hellfeld, Arno Klönne, Die betrogene Generation, S. 193.

40 StadtAD, Schulamt 2.3.20, Unterbringung Dresdner Kinder auf dem Land 1543.

41 BDM-Führerinnendienst, Nov., Dez. 1940, S. 3.

42 BDM-Führerinnendienst, Nov., Dez. 1940, S. 10–57.

43 Vgl. Arno Klönne, Jugend im Dritten Reich, S. 40.

44 StadtAD, Schulamt 2.3.20, Hitlerjugend Beschwerden 1556, Bl. 25 (Der Rektor der 38. Volksschule an das Stadtamt für Volksbildung, 3. Oktober 1942).

45 Ebenda, Bl. 27 (Der Rektor der 38. Volksschule an das Stadtamt für Volksbildung, 16. September 1942).

46 Ebenda, Bl. 52–57 (Stellungnahmen von Hitler-Jungen zu einzelnen Vorfällen, 1942), Bl. 27 (Schreiben Rektor der 38. Volksschule an das Stadtamt für Volksbildung 16. 9. 1942).

47 Ebenda, Bl. 58 (Schreiben der 62. Volksschule an den Herrn Bezirksschulrat, 19. 3. 1943), Bl. 69 (Schreiben der Hitler-Jugend, Bann 100 an das Stadtamt für Volksbildung, 2. Mai 1944).

48 Ebenda, Bl. 75 (Besprechung der Bürgermeister von Dresden, 22. April 1944).

49 Vgl. Arno Klönne, Jugend im Dritten Reich, S. 40.

50 Vgl. Matthias von Hellfeld, Arno Klönne, Die betrogene Generation, S. 192.

51 StadtAD, Dresdner Straßenbahn 9.1.1, Einsatz der Hitler-Jugend A 124/A11, Bd. 4 (Dresdner Straßenbahn AG an die Reichverkehrsgruppe Schienenbahnen, 17.9.42 und Personalabteilung an alle Betriebshöfe und Gewerbeaufsichtsamt Dresden an die Dresdner Straßenbahn AG, 13. Februar 1943), nicht paginiert.

52 Ebenda, Schreiben der Dresdner Straßenbahn AG, 14. 4. 1944.

53 Vgl. Matthias Neutzner, Martha Heinrich Acht, Dresden 1944/45, Dresden 2003, S. 62, 59.

54 Vgl. Thomas Widera, Krieg, Zerstörung und Besetzung von Dresden, in: Holger Starke (Hrsg.) Geschichte der Stadt Dresden, Bd. 3: Von der Reichsgründung bis zur Gegenwart, Stuttgart 2006, S. 504.

55 Vgl. Oliver Reinhard, Von der »Friedensoase« zur Trümmerwüste: Dresden im Bombenkrieg, in: Das rote Leuchten: Dresden und der Bombenkrieg, Dresden 2005, S. 80–81.

56 StadtA, Kreuzschule 20.1; Nr. 1079.

57 Vgl. Hermann Rahne, Zur Geschichte der Dresdner Garnison im Zweiten Weltkrieg 1939 bis 1945, in: Verbrannt bis zur Unkenntlichkeit: Die Zerstörung Dresdens 1945, Dresden 1994, S. 131.

58 Vgl. Thomas Widera, Krieg, Zerstörung und Besetzung von Dresden, S. 511.

Mike Schmeitzner

Verhinderter Pluralismus
Die Freie Deutsche Jugend und die bürgerliche Konkurrenz

Während nach 1945 in den Westzonen Deutschlands die – an Weimarer Maßstäben gemessene – Pluralität im politischen Raum und in der Jugendfrage wieder aufleben konnte, kam es in der »Sowjetischen Besatzungszone Deutschlands« (SBZ) zu einer gegensätzlichen Entwicklung. Die hiesigen Machthaber, sowjetische Offiziere und deutsche Kommunisten, legten keinen Wert auf einen solchen Pluralismus, wollten sie doch ihre eigene Herrschaft durchsetzen. Aufgrund ihres anfänglichen gesamtdeutschen Ansatzes versuchte jedoch die KPD, eine zu durchsichtige Sowjetisierungsstrategie zu vermeiden. Unter der Parole der »antifaschistisch-demokratischen Umwälzung« ging sie dennoch sofort daran, zentrale sozialökonomische Weichenstellungen wie die Verstaatlichung der privaten Banken in der eigenen Zone zu verwirklichen. Auf der politischen Ebene übernahm die KPD von Anfang an eine führende Rolle, indem sie mit Unterstützung der Besatzungsmacht den im Sommer 1945 entstandenen »Antifa-Block« der Parteien dominierte. SPD, CDU und LDP verfügten über keine wirklichen Handlungsspielräume.[1]

Auch in der Jugendfrage erkannten Sozialdemokraten, Liberale und Christdemokraten schnell, dass für pluralistische Ansätze kaum Gestaltungsmöglichkeiten existierten. Wie schon bei ihren gesellschaftspolitischen Überlegungen hatte auch in diesem Punkt die KPD in ihren Moskauer Exilplanungen die Leitlinien vorgegeben. Statt einem eigenen parteipolitischen bzw. einem »einheitlichen proletarischen« Jugendverband gab sie einer »einheitlichen Massenorganisation aller Jugendlichen« den Vorzug.[2] Zwar wurde – ebenso wie in der Frage einer sozialistischen Einheitspartei – eine solche Massenorganisation der Jugend noch nicht sofort im Sommer 1945 ins Leben gerufen, doch legten die Kommunisten mit der Gründung von Jugendausschüssen den Grundstein für deren spätere Etablierung. Ähnlich wie im »Antifa-Block« der Parteien versuchten Mitglieder der KPD auch in den Jugendausschüssen zu dominieren, wie der zentrale Berliner Ausschuss mit Erich Honecker an der Spitze eindrücklich zeigt. Eine Legitimation erfuhren diese Einrichtungen durch eine Verordnung der »Sowjetischen Militäradministration in Deutschland« (SMAD) vom 31. Juli 1945. Andere Jugendorganisationen wurden darin ausdrücklich verboten.[3] Das einzige Zugeständnis an die Parteien bestand in den Anfangsjahren in der Zulassung von Jugendreferaten zur Betreuung ihrer jüngeren Mitglieder.

Agitation zur 1. Kreiskonferenz der FDJ (LKW mit Losung »Die Einheit ist unser Weg«), Foto Höhne/Pohl

In dem seit Anfang Mai 1945 sowjetisch besetzten Dresden war es der KPD gelungen, ihre jugendliche »Antifa«-Politik geradezu idealtypisch zu exekutieren. In der dritten Juli-Woche hatten hier vor allem ehemalige KJVD-Funktionäre einen städtischen Jugendausschuss gegründet, der die »bisher existierenden, politisch eher indifferenten Stadtbezirksausschüsse ablösen sollte«.[4] Vorsitzender wurde Fritz Sparschuh, der nach eigener Darstellung von den KPD-Gremien auf Landes- und Stadtebene den Auftrag zur Bildung des städtischen Jugendausschusses erhalten hatte. Sein Hinweis darauf, dass neben den drei früheren KJVD-Mitgliedern auch drei von der ehemaligen SAJ und weitere Parteilose berücksichtigt worden seien,[5] stimmte nur teilweise: Von den drei früheren SAJ-Vertretern hatten sich nämlich schon zwei bei der KPD als Mitglied angemeldet.[6] Ungeachtet aller Schwüre hinsichtlich einer »demokratischen Erziehung« und einer »Freiwilligkeit« des Mitwirkens[7] machte der von Sparschuh geleitete Jugendausschuss bereits Ende Juli deutlich, dass das »Hauptziel« der Arbeit in der »weltanschaulichen und politischen Ausrichtung zur kämpferischen Demokratie« bestehe,[8] womit er exakt den auf Verschleierung bedachten Terminus der KPD-Exilplanungen benutzte. Proteste von Vertretern der nichtkommunistischen Parteien gegen die einseitige Zusammensetzung des Gremiums begegnete der 1. Bürgermeister Dresdens, Walter Weidauer (KPD), mit offenen Drohungen.[9]

Erst im Verlaufe des Monats September 1945 sahen sich die Kommunisten veranlasst, kleinere »Zugeständnisse« zu gewähren: Bei einer Zusammenkunft wurde nun den Ver-

Kreisleitungssitzung der FDJ, 1951, Foto Höhne/Pohl

tretern von SPD, CDU und LDP gestattet, ihre Mitglieder in neu gebildete Arbeitsausschüsse des Jugendgremiums zu entsenden.[10] An der Zusammensetzung des eigentlichen Jugendausschusses änderte sich nichts, und das war auch so gewollt. Denn in Anweisungen der KPD-Leitungen Dresdens und Sachsens hieß es ungeschminkt, die »parteipolitische Parität« in den Gremien der Jugendausschüsse unbedingt zu verhindern und die Schlüsselpositionen mit jungen Kommunisten zu besetzen.[11]

Um im Mitgliederbereich in die Breite zu wachsen und vorerst keinen Anlass zu Sowjetisierungsvorwürfen zu geben, gingen die Spitze des Dresdner Jugendausschusses und die KPD-Kreisleitung eher »unpolitisch« vor. Ins Zentrum ihrer Arbeit rückten sie z. B. Arbeitswochen zur Schuttberäumung der Stadt, an denen sich bis zu 8000 Jugendliche beteiligten. An den Heimabenden nahmen 4000 Jugendliche teil,[12] wobei der Zweck selbst dieser »unpolitischen« Einrichtung deutlich wird, wenn man sich die Auslassungen Robert Bialeks, des Jugendleiters der sächsischen KPD, vergegenwärtigt: Er verglich die Funktion eines Heimabends mit dem »Saugrohr einer Maschine«, die den »unpolitischen Jugendlichen« anziehen sollte, um ihn nach »individueller Bearbeitung« als »Parteianwärter und werdenden Kommunisten« auszustoßen.[13] Wie geschickt Bialek dabei vorging, zeigt sein Hinweis, nicht allzu vordergründige Parteipropaganda zu betreiben. Es dürften keine »Lenin- oder Stalinecken« eingerichtet werden; dafür sollte man »Heroen der Geschichte« präsentieren, unter denen dann auch Lenin und Stalin erscheinen könnten.[14] Ähnlich »unpolitisch« sah auch der Lehrplan der seit Oktober 1945 lau fenden Bezirksjugendschule Dresdens aus, die unter der Leitung von Hans Gossens (KPD) stand. Neben Themen zur deutschen Geschichte und zur Jugendbewegung standen hier auch Stunden zur »Jugend in der Sowjetunion« und die »Die UdSSR« auf dem Lehrprogramm.[15]

Von den Jugendausschüssen der Kommunen und des Landes bis zur Gründung einer Freien Deutschen Jugend (FDJ) war es dann nur noch ein kleiner Schritt. Die als Spiritus Rector mitwirkende KPD-Kreisleitung wusste Mitte Februar 1946 genau, dass im »freien deutschen Jugendbund« inzwischen 8 000 oder 20 % aller Dresdner Jugendlichen erfasst waren.[16] Der Gründungsakt der FDJ am 20. März 1946 war dann ein Heimspiel für die früheren Jungkommunisten Erich Ament und Robert Bialek. Ament, der bereits im Dresdner Jugendausschuss führend mitgearbeitet hatte, übernahm nun den Vorsitz der Dresdner FDJ. Trotz aller Beteuerungen der Überparteilichkeit und Unabhängigkeit gaben frühere KPD-Mitglieder (seit April 1946 SED-Mitglieder) den Ton an. Ein Jahr nach ihrer Gründung dominierte im Sekretariat der FDJ-Kreisleitung Dresden selbstverständlich die SED (mit sieben von 13 Sekretären). Von den 250 Dresdner Gruppenleitern rekrutierten sich 60 % aus der SED, 3 % aus der CDU und 7 % aus der LDP; 30 % waren parteilos. Bei der Mitgliedschaft überwogen die Sozialisten ebenfalls: Hier kamen 28 % der FDJler aus den Reihen der SED, aber nur 4 bzw. 1 % aus den Reihen der LDP und CDU.[17]

Für die SED und ihre Jugendfunktionäre ergab sich aus dieser Situation ein Dilemma: Auf der einen Seite waren sie bestrebt, sämtliche Schlüsselpositionen in der Hand zu behalten und die Inhalte zu bestimmen, auf der anderen Seite wollten sie zu einem so frühen Zeitpunkt (1946/47) ihr Gesicht nach außen wahren und den Eindruck von Überparteilichkeit vermitteln. Nur so ist zu verstehen, dass sich der Dresdner FDJ-Kreisleiter noch im Frühjahr 1947 innerhalb der SED über das geringe Engagement der bürgerlichen Jugend beschwerte. Aus seiner Sicht sei es »nicht leicht, aus diesem Kreise Kräfte zu gewinnen, die bereit sind, positiv in der FDJ mitzuarbeiten.« Die bürgerlichen Parteien würden »deshalb auch die Meinung vertreten, dass sie zu wenig in der Leitung verankert seien und somit ja gar nicht mitarbeiten könnten«. Aus diesem Grunde »treten auch die Tendenzen zur Bildung einer eigenen Parteijugend auf«. Es sei von daher »schwierig, den bürgerlichen Parteien zu beweisen, dass die FDJ keine SED-Jugend« sei.[18]

Bis Frühjahr 1947 hatten sich unter dem Dach von LDP und CDU tatsächlich Strukturen entwickelt, die in Richtung einer eigenen Parteijugend zielten. Und natürlich hatten junge Christdemokraten und Liberale allen Grund, der angeblich überparteilichen FDJ zu misstrauen. Die Möglichkeit, eigene Jugendreferate und Jugendgremien aufzubauen, war von ihnen schon seit der Jahreswende 1945/46 wahrgenommen worden. Dem frühen Beispiel der KPD, Jugendreferenten auf Landes- und Kreisebene zu etablieren (Sommer 1945), folgten Wochen später die SPD und im September 1945 die LDP. Erst im März 1946 zog die CDU mit der Berufung eines Landesjugendreferenten nach. Durch die Bildung der SED verblieben CDU und LDP als einzige Konkurrenz.

Zu einer ernsthaften Gefahr für SED und FDJ entwickelten sich in Dresden und Sachsen vor allem die jungen Liberalen, die in der eigenen Landespartei mit über 30 % Mit-

Werbeplakat der LDP 1946

gliederanteil über größeren Einfluss verfügten. Das machte sich nicht zuletzt auch in der Besetzung des Landesjugendreferates bemerkbar. Von den hier engagierten Mitarbeitern (so Ruth Ehrlich und Gert Wagner) sollte sich besonders Wolfgang Mischnick als charismatische Leitfigur erweisen. Seit September 1945 im Amt, bemühte er sich rasch, die jungen Liberalen als ernsthaften Widerpart der FDJ ins Spiel zu bringen. Trotz seines rhetorischen Bekenntnisses zur Einheitsjugend startete er im Sommer 1946 eine Werbekampagne, die ganz offen Konkurrenzcharakter trug: Mit der Parole »Jugend bekenne Dich: zur Arbeit, zur Einheit, zur Wahrheit, zur Demokratie, zur Jugendbewegung. Komm zur LDP« lieferte er sich über Dresden hinaus einen offenen Schlagabtausch mit Robert Bialek, dem Landesleiter der FDJ.[19] Kurz vor den Dresdner Stadtverordnetenwahlen (1. 9. 1946), in deren Gefolge er Abgeordneter wurde, äußerte Mischnick selbstbewusst: »Wir von der LDP vertreten die Interessen des gesamten Volkes und lehnen daher den Klassenkampf entschieden ab, wie wir jede Form der Diktatur ablehnen, gleich von welcher Seite sie auch kommen mag, gleich ob Diktatur eines Mannes, einer Partei oder einer Klasse!«[20]

Darüber, dass solche freimütigen Äußerungen Konsequenzen nach sich ziehen könnten, musste sich Mischnick im Klaren sein. Zuerst wurde er von der SED-Presse mit ehrenrührigen Anschuldigungen überzogen, im Herbst 1946 strich ihn schließlich die Besatzungsmacht von der Landtagsliste der LDP.[21] Das hinderte ihn nicht daran, auf einer großen Jugendversammlung in der Dresdner Nordhalle mit Hermann Axen (KPD/SED) vom Zentralrat der FDJ die Klinge zu kreuzen. In der Redeschlacht bekannte sich Mischnick zur jungliberalen Kritik am Grundrechtskatalog der jungen Generation, wie ihn die FDJ unterbreitet hatte. Zudem warb er dort nachdrücklich für das Recht auf freie Meinungsäußerung.[22] Dieser Punkt war im Übrigen eines der zentralen Themen der jungen Liberalen überhaupt. Auch Gert Wagner, der Dresdner Hochschulreferent der LDP, trat beständig für den »Freiheitsgedanken« und die »persönliche Freiheit« ein.[23]

So deutliche Kritik an FDJ und politischer Entwicklung allgemein äußerte die Dresdner »Junge Union«, der Jugendarbeitskreis der CDU, nicht. Sie hatte sich später als die jungen Liberalen organisatorisch entwickelt und genoss auch in der eigenen Landespartei nicht dieselbe Wertschätzung wie die Jugend der LDP. Zudem gaben nach der Flucht einiger intransigenter Jugendführer jene Funktionäre den Ton an, die sich wie Wolfgang Ullrich und Jochen Endler relativ früh auf einen Mitarbeitskurs in der FDJ verständigt hatten. Darüber hinaus verfolgte gerade die »Junge Union« eine christlich-sozialistische Linie, die sie näher an die FDJ als an die jungen Liberalen band. Ungeachtet dessen fanden sich aber auch in ihren Dresdner Reihen couragierte Kritiker der FDJ und der SED-Staatsbildung: Dazu gehörte z. B. der gerade 20-jährige Otto von Sass, der Jugendredakteur der Dresdner »Union«, der bis zu seiner erzwungenen Flucht in den Westen die Transformation der FDJ in eine neue SED-Staatsjugend scharf kritisierte.[24]

Wie groß der Einfluss der jungen Liberalen und der »Jungen Union« unter der Jugend in Dresden und Sachsen war, zeigten die Studentenratswahlen im Jahre 1947: Bei den ersten Wahlen zum TH-Studentenrat (Mai 1947) holten die jungen Vertreter von LDP und CDU doppelt so viele Mandate wie die Vertreter der SED, nämlich sechs (jeweils drei). Bei der zweiten Wahl im Dezember 1947 konnte zwar die SED ein Mandat hinzugewinnen, blieb aber hinter den LDP-Vertretern (vier Mandate) und denen der CDU (zwei Mandate) nur zweiter »Sieger«. An der Leipziger Universität kam die große Resonanz für die jungen Liberalen noch stärker zum Tragen: Hier lagen ihre Vertreter im Dezember 1947 vor denen der CDU und der SED, was sicherlich auch mit ihrem bekannten Studentensprecher Wolfgang Natonek zu tun hatte.[25]

Die Folgen dieser Wahlentscheidungen im Kleinen und der zunehmenden deutschlandpolitischen Verhärtung ließen nicht lange auf sich warten: Seit der zweiten Jahreshälfte 1947 nahm nicht nur die SED verstärkt Kurs auf einen sozialistischen deutschen Separatstaat, auch die FDJ bewegte sich nun immer schneller in Richtung einer sozialistischen Einheitsjugend. Wer jetzt noch Widerspruch äußerte, musste mit ganz anderen

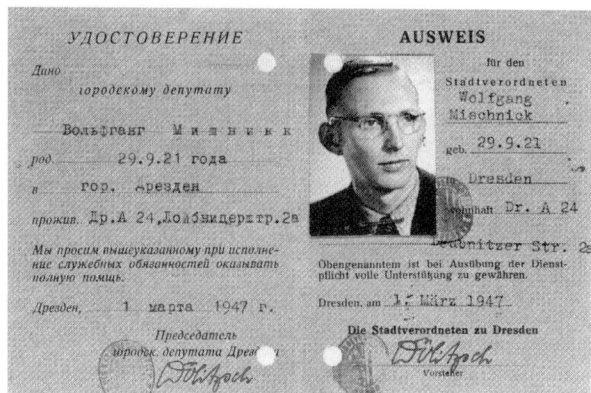

Mitgliedsausweis
des LDP-Stadtverordneten
Wolfgang Mischnick 1947

Konsequenzen als nur mit Funktionsverlust oder Streichung von der Landtagsliste rechnen. Mischnick etwa durfte auf massiven Druck der Besatzungsmacht das Amt des stellvertretenden LDP-Landesvorsitzenden nicht antreten; nachdem er Wochen später Redeverbot erhalten und von seiner drohenden Verhaftung erfahren hatte, floh er im Frühjahr 1948 in den Westen, wo er bald als Bundesvorsitzender der jungen Liberalen und späterer langjähriger Fraktionsvorsitzender der FDP im Deutschen Bundestag Bekanntheit erlangte.[26] Vielen seiner Dresdner Freunde erging es freilich schlimmer: Angefangen mit Gert Wagner und Dietrich Hübner, dem Stadtjugendreferenten der LDP, wurden Dutzende junger Liberaler von »Sowjetischen Militärtribunalen« (SMT) zu langjährigen Lagerstrafen verurteilt. Auch die Dresdner »Junge Union«, die seit 1948 ihren Namen nicht mehr verwenden durfte, verlor ihren Jugendreferenten Heinz Greifenhain durch das Urteil eines SMT (1949).[27]

Nur wenige aus ihren Reihen machten als »fortschrittliche« bürgerliche Kräfte jetzt noch Karriere in der FDJ oder in den »Blockparteien«. Zu ihnen gehörte zeitweise Wolfgang Ullrich, der 1946 Landtagsabgeordneter und 1949/50 sogar Volkskammerabgeordneter geworden war. Doch auch er zog sich bald aus der Politik zurück und übernahm noch 1950 das Direktorat des Dresdner Zoos. Am Ende desselben Jahres mussten dann beide »bürgerliche« Parteien ihre Jugendreferate schließen – und zwar zugunsten der FDJ, die nun nicht einmal mehr eine formale »Konkurrenz« akzeptieren wollte. Der Druck auf die liberale und christliche Jugend führte – wie in ganz Sachsen und der SBZ/DDR – zu einer massiven Fluchtbewegung. An der Spitze dieser Bewegung stand – tragischerweise – fast die gesamte Nachwuchselite von LDP und CDU.

Anmerkungen

1 Vgl. z.B. Manfred Wilke (Hg.), Anatomie der Partei-zentrale. Die KPD/SED auf dem Weg zur Macht, Berlin 1998; Stefan Creuzberger, Die sowjetische Besatzungsmacht und das politische System der SBZ, Köln 1996; Hartmut Mehringer/Michael Schwartz/Hermann Wentker (Hg.), Erobert oder befreit? Deutschland im internationalen Kräftefeld und die sowjetische Besatzungszone (1945/46), München 1999.

2 Ulrich Mählert, Die Freie Deutsche Jugend 1945–1949. Von den »Antifaschistischen Jugendausschüssen« zur SED-Massenorganisation: Die Erfassung der Jugend in der Sowjetischen Besatzungszone, Paderborn 1995, S. 39.

3 Vgl. ebd., S. 41–79; Michael Buddrus, Anmerkungen zur Jugendpolitik der KPD 1945/46. In: Mehringer/Schwartz/Wentker (Hg.), Erobert oder befreit?, S. 287–336.

4 Mike Schmeitzner, Im Schatten der FDJ. Die »Junge Union« in Sachsen 1945–1950. Mit einem autobiographischen Essay von Wolfgang Marcus, Göttingen 2004, S. 31.

5 Vgl. Fritz Sparschuh, Roter Mohn. Erinnerungen, Berlin 2000, S. 251 ff.

6 Vgl. Bericht Fritz Sparschuhs über die Gründung des Dresdner Jugendausschusses vom 13. 7. 1945 und Politische Lebensläufe der Mitglieder des Dresdner Jugendausschusses vom 14. 8. 1945 (StaD, Dezernat Oberbürgermeister Dresden, Nr. 177, Bl. 2 und 13).

7 Sparschuh, Roter Mohn, S. 253.

8 Rundschreiben Nr. 1 des Jugendausschusses Dresden vom 31. 7. 1945 (StaD, Dezernat Oberbürgermeister Dresden, Nr. 177, Bl. 8).

10 Vgl. Niederschrift Walter Weidauers vom 10. 8. 1945 über ein Gespräch mit Otto Schrenk von der SPD (StaD, Dezernat Oberbürgermeister Dresden, Nr. 177, Bl. 11).

11 Schreiben von Fritz Sparschuh an Johannes Müller vom 15. 9. 1945 (ebd., Bl. 28).

12 Vgl. Richtlinien und Arbeitsanweisungen der KPD-Kreisleitung Dresden, Abteilung Jugend, für die Jugendarbeit vom 23.10.1945 (SächsHStAD, SED-BPA Dresden, I/A/045); Richtlinien der KPD-Bezirksleitung Sachsen, Jugendsekretariat, für die Jugendarbeit, o. D. [vermutlich Oktober 1945] (SAPMO-BArch, NY 4036, Nr. 726, Bl. 319).

13 Vgl. Bericht von der UB-Leitungssitzung der KPD Dresden vom 13. 9. 1945 (SächsHStAD, SED-BPA Dresden, I/B/124, Bl. 72).

14 Zit. nach Mählert, Freie Deutsche Jugend, S. 65.

15 Bericht von der UB-Leitungssitzung der KPD Dresden vom 13. 9. 1945 (SächsHStAD, SED-BPA Dresden, I/B/124, Bl. 72).

16 Vgl. Schmeitzner, Im Schatten der FDJ, S. 33.

17 Bericht von der Pol-Leiter-Sitzung der Kreisleitung Dresden vom 14. 2. 1946 (SächsHStAD, SED-BPA Dresden, I/B/124, Bl. 18).

18 Vgl. Protokoll der Sekretariatssitzung der SED Dresden vom 14. 4. 1947 (SächsHStAD, SED-BPA Dresden, IV/5.01.069).

19 Ebd.

20 Vgl. Schmeitzner, Im Schatten der FDJ, S. 123 f.

21 Sächsisches Tageblatt vom 22. 8. 1946.

22 Vgl. Schmeitzner, Im Schatten der FDJ, S. 131

23 Vgl. Sächsisches Tageblatt vom 28. 11. 1946.

24 Gert Wagner, Wie wählt die Jugend?. In: ebd. vom 17. 10. 1946.

25 Vgl. Schmeitzner, Im Schatten der FDJ, S. 41 ff., 67 ff., 109 ff. und 182 ff.

26 Vgl. ebd., S. 95.

27 Vgl. Wolfgang Mischnick, Von Dresden nach Bonn. Erlebnisse – jetzt aufgeschrieben, Stuttgart 1991, S. 281 ff.

28 Vgl. Schmeitzner, Im Schatten der FDJ, S. 165.

Ellen Ueberschär

Kirchliche Jugendarbeit in Dresden in der Nachkriegszeit

»Durch den Bombenangriff vom 13. 2. habe ich alles verloren und nichts gerettet, als was ich auf dem Leibe trug... Wir stehen mit unserer ganzen Arbeit vor völlig veränderten Verhältnissen und können uns nur Schritt für Schritt führen lassen.«[1] Das war die erste Nachricht einer Mitarbeiterin der im Nationalsozialismus illegalen evangelischen Jugendarbeit. Elfriede Rosenmüller versuchte nach dem Schock des 13. Februar 1945 gemeinsam mit ihrer Kollegin Annegret Schnauß in der extremen Lebenssituation der unmittelbaren Nachkriegszeit die Jugendarbeit wieder aufzunehmen. Vor allem Kinder und Frauen, jüngere Jugendliche und ältere Menschen bevölkerten in diesen Jahren die Stadt Dresden. Bereits zwei Wochen nach der Katastrophe ging ein Rundbrief, mehrfach mit der Schreibmaschine abgetippt, an die Mädchen in den Jugendkreisen heraus. Die Frauen, beide Mitte 30, versuchten, den Kontakt zu den Jugendlichen aufrechtzuerhalten:»Nichts ist mehr da. Wer von Euch unsere Geschäftsstelle gekannt hat mit ihren vielen Zeichen lebendiger Arbeit in den Gemeindejugendkreisen, muss nun den anderen davon erzählen, denn zeigen können wir sie niemandem mehr. Aber etwas anderes können und wollen wir: neu aufbauen.«

Die Frauen, die eigentlich für das evangelische Jungmädchenwerk in ganz Sachsen zuständig waren, konnten wegen der zerstörten Bahnstrecken nicht reisen und konzentrierten ihre Arbeit auf die Stadt Dresden. Zunächst ging es darum, die vernichteten Anschriften und Kontaktadressen wieder zusammenzutragen:»Es ist schon ein ganz ordentliches Stück Arbeit, nur aus dem Kopf wieder Grundlagen für alle Arbeitsgebiete zu schaffen. Aber es ist auch erfreulich zu sehen, wie sich immer wieder Helfer finden, Türen auftun, Spuren von einem zum andern führen.« Bereits Anfang April fanden in Dresden»Monatsrüsten« statt, das waren Treffen von Jugendmitarbeiterinnen aus dem gesamten Stadtgebiet. Aus einem Ende April erhobenen Überblick über die Lage in 39 Dresdener, zum großen Teil schwer zerstörten Gemeinden geht hervor, dass in 23 Gemeinden entweder Jugendmitarbeiterinnen oder Ehrenamtliche tätig waren. Diese Mitarbeiterinnen sammelten die Jugendlichen zu mehr oder weniger regelmäßigen»Jugendstunden«. Die Spannung, in der sich das Leben und Arbeiten in Dresden zwischen Bombardement und endgültigem Kriegsende vollzog, beschrieb Annemarie Schnauß Anfang April 1945 als ein»merkwürdiges Doppelleben«. Auf der einen Seite rechnete sie»sehr nüchtern« damit, »dass wir hier fort müssen oder doch jede Arbeitsmöglichkeit vollkommen ausgelöscht wird«, auf der anderen Seite »bauen wir doch unsere Pläne und arbeiten auf ihre Ausführung hin«. Ende März 1945 wurde der Empfang des ersten Briefes per Post in der neu eingerichteten provisorischen Geschäftsstelle verzeichnet und als Signal dafür gewertet, dass die Dresdener Infrastruktur partiell wieder funktionierte: »Überhaupt richtet sich manches langsam aber sicher wieder ein«.

Während die Kolleginnen in Berlin die letzten drei Wochen bis zum Kriegsende im Keller verbrachten, um sich vor dem Tieffliegerbeschuss zu schützen, planten die Dresdnerinnen ein Ostersingen und waren auf der Suche nach Veranstaltungsräumen. »Unsere Jugend ist da, auch die Kinder in Jungscharen und Kindergottesdiensten, man darf ja jetzt alles tun!!« – mit dieser Begeisterung beschrieben die Jugendmitarbeiterinnen dann im Sommer 1945 ihre Situation. Weggefallen waren die Repressionen durch die Gestapo und die bedrückenden Vorgaben durch die pro-nationalsozialistische Kirchenbehörde. Sie hatten das Empfinden, die Arbeit »freier und besser als vorher tun« zu dürfen. Bei näherem Hinsehen waren die »neuen Möglichkeiten« dem Freiraum zwischen dem Zusammenbruch der staatlichen Institutionen und den noch ungeklärten administrativen Zuständigkeiten geschuldet. Jugendliche zwischen 14 und 18, die bisher nur zu Veranstaltungen der Hitler-Jugend gehen durften, konnten wieder eingeladen werden, kleine Schriften durften gedruckt werden – im Sommer 1945 schien alles offen, jedoch bereits im Herbst zeigten sich die dunklen Wolken der neuen Diktatur.

Die kirchliche Jugendarbeit war nach dem Ende des NS-Regimes relativ gut aufgestellt, weil sie sich auf die Strukturen der früheren evangelischen Jugendverbände stützen konnte. Vor allem die Mädchenarbeit funktionierte sehr rasch wieder und sammelte viele junge Menschen, die nach Lebensorientierung und Freizeitvergnügen suchten. Die kommunistischen Jugendverbände der Vorkriegszeit lebten nicht wieder auf. Die Sowjetische Militäradministratur hatte angeordnet, dass »antifaschistische Jugendkomitees bei den Bürgermeistereien der großen und mittleren Städte« zu schaffen sind. Als der Aufruf Ende Juli 1945 erging, bestand ein solcher Ausschuss in Dresden bereits. Obwohl kommunistisch dominiert, wurden Vertreter anderer Parteien, der Gewerkschaften und der Kirchen zur Mitarbeit aufgefordert. Die Ausschüsse erfüllten zwei Funktionen: zum einen war ihre Aufgabe, als kommunale Einrichtung das ökonomische und sozialkulturelle Leben für Jugendliche in Gang zu bringen. Auf der anderen Seite bildeten sie Vorformen eines Jugendverbandes mit einem allgemein gehaltenen antifaschistisch-demokratischen Programm. In Dresden nahm Fritz Riebold, der ehemalige Leiter der sächsischen Christlichen Pfadfinderschaft, ab September 1945 am Städtischen Jugendausschuss teil und erklärte sich bereit, im Unterausschuss für »Kultur und Propaganda« mitzuarbeiten.[2] Der Mitarbeit Riebolds war eine Kontroverse mit dem kommunistischen Leiter, Sparschuh, vorausgegangen. Dieser hatte gegenüber Riebold im August 1945 ein Verbot der »Kirchenjugend« ausgesprochen. Ein Gespräch mit dem Superintendenten von Dresden, Böhm, konnte die Sache klären. Riebold war kein Unbekannter: 1888 in Zeulenroda geboren, gelernter Tapezierer und Dekorateur, hatte er in den 1910er und 1920er Jahren einen überregionalen Bekanntheitsgrad als »christlich-sozialistischer Arbeiterdichter« und als Pfadfinder-Leiter erreicht. Die von ihm initiierte

Junge Gemeinde
in der Wichernhütte
Rochwitz um 1949

»sächsische Tatgemeinschaft« orientierte sich stärker als andere Pfadfindergruppen an der zeitgenössischen Jugendbewegung und nahm insbesondere Anregungen des Wandervogels auf. Im Oktober 1945 blickte er auf fünf Monate zurück, in denen er »teils zu Rade, teils auf Puffern oder Trittbrettern stehend, teils in fürchterlicher Enge im Wagen eingeklemmt, fast sechstausend Kilometer ehrenamtlich zurückgelegt« hatte.[3] Im Juni 1945 berichtete Riebold, dass er »das Jungmännerwerk, nachdem es von der nationalsozialistischen Regierung verboten war, wieder ins Leben gerufen« hätte. Über die Dresdener Volkszeitung verbreitete er im September 1945 ein Rundschreiben, das besonders die Kriegsteilnehmer unter den jungen Männern ansprach, sich also vorwiegend an die 18- bis 24-Jährigen wandte: »Ihr seid doch wohl alle mehr oder weniger draußen gewesen und wisst, wie es den Männern zumute ist, die durch diese Hölle hindurchgegangen sind. So werdet Ihr verstehen, wenn ich sage: das Wichtigste scheint mir jetzt eine Sammlung von reifen jungen Männern, von Kriegsteilnehmern, die den Ernst des Lebens gespürt haben und das geistliche Versagen der Vergangenheit. Sie werden sehr darauf aus sein, in Haus und Beruf wieder festen Fuß zu fassen und wenig Lust haben, sich um andere Dinge zu kümmern. Aber vielleicht werden sie doch für einen bruderschaftlichen Bund empfänglich sein, eine Verpflichtung zu gegenseitigem Tragen im Gebet, überhaupt zu regelmäßigem Gebet, Schriftlesung, Gottesdienstbesuch und Sakramentsempfang.«[4] Die jungen Männer wurden dort angesprochen, wo sie sich gerade befanden – am Ausgang ihrer »Hölle«. Jede Aufmunterung zum Aufbauen wurde vermieden, vielmehr gab es das Angebot eines einfachen christlichen Bundes für die Heimkehrer.

Während die Frauen überhaupt nicht vertreten waren, stellte Riebold im Jugendausschuss kritische Fragen, zum Beispiel nach dessen demokratischer Legitimierung, worunter er die paritätische Beteiligung der politischen Parteien verstand. Ein Vertreter der SPD antwortete, es bedeute »Zersplitterung, wenn einzelne Parteien versuchten, Jugendarbeit in ihrem Sinne zu tun.« Vielmehr gälte es, »dahin zu arbeiten, dass eine einzige antifaschistische Jugend entsteht.«Als Riebold die Neuauflage einer »Staatsjugend« befürchtete, wiegelte der kommunistische Leiter des Ausschusses ab: »Die Beteiligung muss unter allen Umständen eine freiwillige bleiben.« Den Verdacht, eine der HJ und dem BDM äquivalente Jugendorganisation zu planen, wollten die Kommunisten unbedingt ausräumen. Umso mehr, als die KPD zwischen 1945 und 1947/48 einen Integrationskurs verfolgte, der ihre gesellschaftspolitischen Umwälzungsvorhaben decken sollte. Solange die Machtbasis noch nicht gefestigt war, demonstrierte die Partei Toleranz und Bündnisbereitschaft.[5] Die Rede von der Freiwilligkeit der Teilnahme »unter allen Umständen« gehörte zu den auch von Erich Honecker, dem späteren FDJ-Chef, gern genutzten Floskeln der Verschleierung übergeordneter Ziele.

Im Winter 1945/46 geriet die sächsische kirchliche Jugendarbeit unter massiven politischen Druck. Die Konfrontation verringerte den ohnehin begrenzten Handlungsspielraum der ehemaligen Jugendverbände, die durch die Gleichschaltungspolitik der Nationalsozialisten aufgelöst worden waren und nun unter dem Dach der Kirche arbeiteten. Anfang November 1945 kam es in Dresden und Leipzig zu Schwierigkeiten mit den Jugendausschüssen. Den Auftakt bildete Leipzig, wo der Ausschuss verlangte, dass »bis zum Ende jeden Monats das genaue Programm aller kirchlichen Jugendveranstaltungen des kommenden Monats einzureichen« sei.[6] Sowohl der katholische Probst als auch der evangelische Superintendent erhoben Einspruch und wurden kurze Zeit später auf die Sowjetische Militärkommandantur (SMA) bestellt. Dort saßen sie nicht nur den Sowjets, sondern auch dem Leiter des Jugendausschusses gegenüber. Den kirchlichen Vertretern wurde ihr Ausschluss aus dem Jugendausschuss mitgeteilt, in dem die Leipziger kirchliche Jugendarbeit bis dahin in einflussreicher Weise mitgewirkt hatte.

In Dresden verbot die Kommandantur zur selben Zeit eine »gemeinsame Gelöbnisfeier der Jugend aller christlichen Bekenntnisse«.[7] Der Vorsitzende des Landesjugendausschusses Sachsen, das spätere SED-Politbüromitglied Hermann Axen,[8] zeigte sich unwillig, im kirchlichen Sinne bei der Besatzungsmacht zu vermitteln. Vielmehr agierte er in die entgegengesetzte Richtung: Am 21. November 1945 erging für ganz Sachsen eine Verfügung an die örtlichen Jugendausschüsse, die die Leipziger Mitteilungen zementierte. In der sächsischen Presse wurde verlautbart: »Gemäß den Potsdamer Beschlüssen und den Befehlen des Herrn Marschall Shukow ist in den Kirchen in bezug auf die Jugend folgendes gestattet: 1.) Gottesdienst, 2.) Konfirmations- bzw. Kommunionsunterricht, 3.) Religionsunterricht. Jede andere Betätigung (politischer, sozialer, kultureller, weltanschaulicher, sportlicher Art usw.) der Jugend ist nur im Rahmen der Jugendausschüsse der Städte, Kreise und Länder gestattet... Wir weisen darauf hin, daß obige Stellungnahme endgültig ist. Jugendgruppen, welchen Namen sie auch tragen (Pfarrjugend, Jugenddienst, Kirchenjugend usw.), die eine Tätigkeit entfalten, welche nicht im Rahmen des Jugendausschusses liegt, sind illegal.«[9]

Radikalkommunistischer Durchsetzungswillen auf deutscher Seite und sowjetisierende Leitvorstellungen der Besatzungsbehörde bedingten die frühe Funktionsfähigkeit sächsischer Repressionspolitik. Dem Landesverbot standen jedoch die örtlichen Verhältnisse

Mitglieder der Jungen
Gemeinde der Erlöser-Andreas-
Kirche Striesen mit ihrem
Diakon Herbert Krämer um 1951

gegenüber, die unterschiedliche Arbeitsmöglichkeiten gestatteten, »völligen Verboten an einigen Orten« standen »sehr günstige Berichte in anderen Orten« gegenüber.[10]

Die sächsische Kirche holte Anfang Dezember 1945 den Rat von höheren kirchlichen Stellen ein. Der wichtige Berliner Bischof Otto Dibelius erklärte: »Kirchliche Organisationen werden wir nicht auflösen, wir haben keine Organisationen, wir haben ein Jugendwerk der Kirche, das löst sich erst auf, wenn sich die Kirche auflöst!«[11] Die weiteren Verhandlungen fanden in Berlin statt. Im Mai 1946 wurde das Verbot offiziell zurückgenommen. Die konfrontative sächsische Linie gefährdete übergeordnete politische Ziele. Vermutlich sind die sächsischen Kommunisten in Berlin unter Druck gesetzt worden. Hermann Axen, der ehemalige Leiter des Landesjugendausschusses Sachsen, vertrat nach seinem Wechsel in die Berliner Zentrale der FDJ deren Kurs. Für die Kirchen stellte sich die Lage so dar, als hätte Axen »eingesehen, daß diese Regelung zu eng sei«.[12]

Im Mai 1946 gab der neue Landesleiter der FDJ und ehemalige KPD-Jugendsekretär, Robert Bialek, eine Presse-Erklärung nach dem Schema Kritik und Selbstkritik ab, in der allen, den »verantwortlichen Kräften« ebenso wie den Parteien und Kirchen, Fehler unterstellt wurden. Die Missgriffe des Jugendausschusses, die Bialek zugestand, erklärte er zu einer »natürlichen Erscheinung«, da noch keine Erfahrungen im Aufbau einer überparteilichen »Jugendbewegung« vorlägen. Hingegen warf er »einzelnen Geistlichen der Kirchen« vor, eine Jugendarbeit aufgebaut zu haben, die »weit über das Ziel und über die Aufgaben der kirchlichen Jugendarbeit hinausschieß(t) und damit den Keim zur Spaltung der sich entwickelnden Jugendbewegung in sich trug«.[13] Trotzdem Bialek sich im Folgenden vom Jugendausschuss distanzierte und behauptete, die neue FDJ sähe sich an das »Rundschreiben« von November 1945 nicht gebunden, beweist dieser Satz das Festhalten am Kurs der Repression. Die typisch kommunistische Argumentationsstrategie, konkurrierenden Gruppierungen Spaltungsversuche zu unterstellen, ließ keine Illusionen über eine wirkliche Entspannung der Lage aufkommen. Die »endgültige Stellungnahme«, die im November 1945 ergangen war, ersetzte Bialek nun durch ein unverbindliches Rundschreiben, das nicht der besatzungsbehördlichen Stützung bedurfte. Damit genügte er den Berliner politischen Vorgaben, hielt sich aber zugleich die Möglichkeit offen, seinen eigenen Konfrontationskurs fortzusetzen.

Dieser Kurs zwischen tatsächlicher Bedrückung und scheinbarer Offenheit hielt an. Im März 1946 wurde die FDJ mit kirchlicher Beteiligung gegründet. Die Namen der kirchlichen Vertreter auf der Gründungsurkunde wurden später wegretuschiert. Über die gesamte Besatzungszeit hinweg versuchten die Kommunisten mit wechselnden Mitteln und mit dem Argument der »Einheit der Jugend«, die kirchliche Jugendarbeit entweder in die FDJ zu integrieren oder zu behindern. Zu diesem Zweck wurden »kirchliche Verbindungsstellen« auf Orts-, Kreis- und Landesebene eingerichtet. Für Sachsen nahm diese Funktion zunächst Heinz Heidel wahr, ein jugendlicher Handwerker, der sich redlich um guten Kontakt zur FDJ-Leitung mühte. Nach einem Jahr gab er auf und floh nach West-Berlin.

Sein Nachfolger war der damals 23-jährige Werner Ihmels aus Leipzig. Er hatte in Leipzig eine spektakuläre Jugendarbeit aufgebaut und riskante Manöver gewagt, indem er einige Jugendgruppen in die FDJ überführt hatte – nicht, weil sie ideologisch angepasst waren, sondern weil sie die größeren Freiräume nutzen wollten. In seinen Jugendgruppen sammelten sich Oberschüler, teilweise auch Studenten und Studentinnen, die »durch ihr Bekenntnis zum Christentum und durch ihre Lebenshaltung innerhalb der FDJ« auffielen.[14] Geistvolle Themen, hochrangige Referenten und bestimmte Umgangsformen unterschieden diese Kreise von den übrigen FDJ-Gruppen. Riskant war die Ausnutzung des größeren Handlungsspielraums einer FDJ-Gruppe deshalb, weil sie zwar die großen Begriffe von »Freiwilligkeit« und »Überparteilichkeit« wörtlich nahm, aber andererseits die politischen Vorgaben der SED, die sich seit 1947 zu regelrechten Auflagen wandelten, ignorierte. Auf diese Weise akzeptierte Ihmels zwar die restriktive Zulassungspolitik der Sowjets für Jugendarbeit, warb sogar für eine Mitgliedschaft in der FDJ, verachtete aber gleichzeitig die kommunistischen Methoden der Machtsicherung.

Im Spätsommer 1947 entschloss sich Ihmels, sein Theologie-Studium in Tübingen fortzusetzen. Am Tag der Abreise, dem 11. September 1947, wurde Ihmels am Leipziger Hauptbahnhof verhaftet. Ihmels wurde in das »Sonderlager IV der Sowjetischen Militäradministration« nach Bautzen gebracht. Bis 1949 erfuhr die Familie nichts über den Verbleib ihres Angehörigen. Erst im Frühsommer 1949 erhielten die Gefangenen die Möglichkeit, Briefe zu schreiben. Ihmels teilte seinen Eltern die Erkrankung an TBC mit, hoffte jedoch auf Heilung. Diese Hoffnung erfüllte sich nicht. Ihmels verstarb am 25. 6. 1949 an einer Lungenembolie, ohne dass die Familie darüber Mitteilung erhielt.

Von der Verhaftung Werner Ihmels, der darauf folgenden systematischen Attackierung der auch zahlenmäßig ausgesprochen erfolgreichen evangelischen Jugendarbeit, die seit 1949 flächendeckend den Namen »Junge Gemeinde« trug, war es kein weiter Weg bis zum Frühjahr 1953, als der FDJ-Chef Erich Honecker zur Liquidierung der kirchlichen Jugendarbeit aufrief.

Das Regime nutzte den Beginn deutscher Staatlichkeit zur Ankündigung und Durchführung einer rabiaten Sowjetisierung, die notwendig in einen Konflikt mit dem welt-

Himmelfahrtstreffen der
Jungen Gemeinde in Sehlis
in Leipzig, 1951

anschaulichen »Gegner« Kirche führen musste. Die Auswirkungen bekamen evangelische Jugendliche jedoch schon vor der 2. Parteikonferenz der SED zu spüren, die im Mai
1952 den Stalinisierungskurs öffentlich machte. Bereits 1949 gab es indirekte Drohungen, die der Jungen Gemeinde staatsfeindliche Aktivitäten unterstellten. Diese gipfel-
ten in dem Verdacht, die kirchliche Jugendarbeit sei eine illegale Organisation. Zwangsläufig begannen die staatlichen Instanzen mit der Repression derjenigen Elemente von
Jugendarbeit, die tatsächlich an eine Organisation erinnerten. Exemplarisch ist der Konflikt um das »Kreuz auf der Weltkugel«, einer Anstecknadel, die die Teilnehmenden der
Jungen Gemeinden nach einem Jahr treuen Besuchs verliehen bekamen. Der Versuch,
die Zeichen 1950 ganz aus der Öffentlichkeit zu verbannen, offenbarte Züge der zwei
Jahre später einsetzenden flächendeckenden Kampagne gegen die kirchliche Jugendarbeit. Der Konflikt ebbte ab, weil die kirchenpolitischen Zuständigkeiten noch nicht
straff gebündelt waren und die staatlicherseits zuständige »Hauptabteilung Verbindung zu den Kirchen« unter Otto Nuschke zugunsten der Zeichenträger optierte.

Im Jahr darauf, 1951, ließ der Druck scheinbar nach. Partei und Staat verfolgten für
kurze Zeit eine Bündnispolitik, die auch gegenüber der kirchlichen Jugendarbeit freund-
lichere Züge offenbarte, wenn auch mit deutlichen Vereinnahmungsabsichten. Die II.
Parteikonferenz gab im Juni 1952 den Ausschlag zur hysterischen Übersteigerung der
Vorwürfe an die – nun als »Agentenorganisation« bezeichnete – Junge Gemeinde. Wie
stark der Liquidierungsbeschluss das Ergebnis eines Kalküls war, ließ sich daran erkennen, dass Walter Ulbricht, Parteichef der SED, das IV. Parlament der FDJ, das Parlament
der Militarisierung, als Forum für seine Kampfansage wählte.

Eine schrittweise Eskalation des Terrors kennzeichnete die folgende Zeit zwischen Juni
1952 und Juni 1953. Im Sommer 1952 lösten Polizei und Abteilungen für »Inneres« mit
restriktiven Auslegungen geltender Verordnungen zahlreiche Rüstzeiten auf. Staatliche
Instanzen behinderten zum Teil auf persönliche Anweisung Ulbrichts die Jugendtreffen.

Gegen Ende des Jahres begannen die Verhaftungen, die bis in den Frühsommer des folgenden Jahres, 1953, anhielten. Im November 1952 gelang den staatlichen Aktivitäten die reibungslose Koordinierung – dem Einsatz der höchsten Eskalationsstufe stand nichts mehr im Wege. Die nun vollständig in die Aktionen gegen die Junge Gemeinde integrierte FDJ ließ einen Brief des Vorsitzenden der Jugendkammer-Ost an ihren Vorsitzenden, Erich Honecker, unbeantwortet. Ein Dialog blieb auf der Höhe der Liquidierungsphase, zwischen März und Juni 1953 ausgeschlossen. Der im Januar 1953 vom Politbüro in Kraft gesetzte »Maßnahmeplan gegen die Junge Gemeinde« rückte die Oberschulen und mit diesen die Oberschülerinnen und -schüler in das Zentrum des Geschehens. Die flächendeckend stattfindenden Schultribunale, die mit der Relegierung von ca. 900 Schülern endeten, steigerten in den Kirchen die Gewissheit, einem zweiten »Kirchenkampf« ausgesetzt zu sein. Die Intervention Moskaus, die im Juni 1953, eine Woche vor dem Ausbruch des Volksaufstandes, eine Revision der übersteigerten politischen Repression anwies und die kirchliche Jugendarbeit einschloss, brachte zwar den Abbruch der Liquidierungskampagne, keineswegs aber die Wiederherstellung des Ausgangszustandes, wie das Gespräch einiger kirchlicher Vertreter mit der FDJ-Führung zeigte. Die »Stafette«, die Jugendzeitschrift der Jungen Gemeinden, im Januar 1953 eingestellt, erhielt keine neue Lizenz, Großveranstaltungen und Rüstzeiten waren laut apparatinterner »Linienführung« weiterhin untersagt. Das Ergebnis der Terrorphase war tatsächlich eine erhebliche Schwächung der Jungen Gemeinden, aber auch der Staat erlitt eine entscheidende Niederlage: Zwischen Januar und Juni 1953 verließen 35 000 Jugendliche das Land.[15]

Anmerkungen

1 Beide Frauen korrespondierten mit ihrer Zentrale in Berlin, der Hauptgeschäftsstelle des ehemaligen Reichsverbandes der evangelischen weiblichen Jugend und mit einem Pfarrer in Bad Schandau. Alle Zitate sind diesem Schriftwechsel entnommen, der im Landesjugendpfarramt Dresden aufbewahrt wird.

2 Bericht Riebolds an das Landeskirchenamt über die Sitzung des Antifaschistischen Jugendausschusses der Stadt Dresden, am 11. 9. 1945, in: Landeskirchliches Archiv der sächsischen Kirche, im Folgenden: ALKA Dresden, 18001.

3 Riebold am 11. 10. 1945, in: ALKA Dresden, 2043, Bd.1.

4 Flugblatt, Sept. 1945, in: ALKA Dresden, 2043, Bd.1.

5 Vgl. Martin Georg Goerner, Die Kirche als Problem der SED. Strukturen kommunistischer Herrschaftsausübung gegenüber der evangelischen Kirche 1945–1958, Berlin 1997, 38 ff.

6 Superintendentur Leipzig an das Landeskirchenamt am 3. 11. 1945, in: ALKA Dresden, 2040, Bd.1.

7 Vgl. a.a.O.

8 Vgl. Hermann Weber, DDR – Grundriss der Geschichte 1945–1990, Vollst. überarb. und erg. Neuauflage, Hannover 1991, S. 260.

9 Abschrift der Verfügung »An alle Jugendausschüsse der Kreise und Städte«, am 21.11.1945, in: ALKA Dresden, 20410, Bd.1.

10 Protokoll des Jungmännerwerkes am 2. 12. 1945, in: ALKA Dresden, 20410, Bd.1.

11 Aktennotiz des Landeskirchenamtes am 12.11.1945, in: ALKA Dresden, 20410, Bd.1.

12 Aktennotiz des Präsidenten des LKA, Erich Kotte, am 21.2.1946, in: ALKA Dresden, 20410, Bd.1.

13 »Freie Deutsche Jugend, Parteien und Kirchen«, Entwurf für die Tagespresse (6. 5. 1946), 20.5.1946, in: ALKA Dresden, 2040, Bd.1.

14 Bruno Kötz, Verbindungsmann Kreis Leipzig am 5.12.1947, in: ALKA Dresden, 20413, Bd.1, Bl.130.

15 Zu allen genannten Aspekten vgl. Ellen Ueberschär, Junge Gemeinde im Konflikt. Evangelische Jugendarbeit in SBZ und DDR 1945–1961, Stuttgart 2003.

Neuerscheinungen zur Dresden-Literatur

Geschichte der Stadt Dresden,
Band 3: Von der Reichsgründung bis zur Gegenwart
Im Auftrag der Landeshauptstadt Dresden
herausgegeben von Holger Starke unter Mitwirkung
von Uwe John, Konrad Theiss Verlag Stuttgart,
976 Seiten, illustriert, 49,80 €

Die Veranstaltungen zum 800-jährigen Jubiläum der
Stadt Dresden sind bereits Historie. Bleibend jedoch ist die
dreibändige Ausgabe zur Geschichte der Stadt Dresden,
deren dritter Band die Zeit von der Gründung des Deutschen Reichs bis zur Gegenwart umspannt. In Ausein-
andersetzungen sollte man ihn allerdings keinesfalls als
Wurfgeschoss einsetzen, der Band wiegt 2,5 kg! Treffer
beim Leser werden jedoch die 45 Autoren mit ihren vielfältigen und teilweise spannenden Beiträgen erzielen.
Allein in diesem Band sind thematisch fast alle der finan-
ziell zwischen 1996 und 2003 für das Gesamtprojekt
geförderten 68 Forschungsarbeiten zu finden. Dies belegt
noch einmal eindrucksvoll, dass die Erforschung der
Geschichte Dresdens allein schon durch die in der DDR als
bürgerliche Wissenschaft diffamierte Landesgeschichte,
die durch eine linientreue marxistische Regionalgeschichte
in keiner Weise ersetzt werden konnte, besonders für das
20. Jahrhundert eine Fülle unbearbeiteter wichtiger Themen aufwies. Diese »weißen Flecken« in der Stadtge-
schichte mit Farbe zu füllen und somit lebendig zu
machen, war das insgesamt ohne Zweifel erfolgreich
anvisierte Ziel dieses Bandes.
Der besondere Mut des Herausgebers, keinen Band mit
Beiträgen für ein breites Publikum, sondern in erster Linie
für eine disziplinierte und gebildete Leserschaft schreiben
zu lassen, ist herauszuheben. Einen einzelnen Autor hätte
die Beschreibung der gesamten Zeitspanne auch über-
fordert, wie schon die ersten beiden Bände der Stadtge-
schichte zeigten. Zu wünschen wären dem Band viele
interessierte Leser, enthält er doch einige Beiträge von
besonderer Qualität, auf deren geschickte Bebilderung
hier wenigstens hingewiesen werden soll.
Dies gilt beispielsweise für alle, insgesamt sehr eindrucks-
vollen und gelungenen Aufsätze zur Kulturmetropole
Dresden. Die Beiträge von Hans John zur Musik, von Iris
Berndt zu den bildenden Künsten, von Gerald Heres zu

den Museen und von Klaus Stiebert zum literarischen
Leben Dresdens in der Kaiserzeit sind ebenso eindrucksvoll wie die Aufsätze, die sich mit dem reichen kulturellen
Leben der Stadt während der Weimarer Republik befassen. Bildende Kunst, Literatur, Bühnentanz, Musik und
Schauspiel erlebten, wie Erhard Frommhold und Gerlint
Söder, Klaus Stiebert, Heide Lazarus, Matthias Hermann
und Hansjörg Schneider darstellen, einen Höhepunkt.
Wie schnell und brutal der Kulturmetropole einige ihrer
schmückenden Kulturfedern durch zwei totalitäre Regime ausgerissen wurden, unterstreicht, welche kulturellen Einbußen, trotz aller anerkennenswerten Bemühungen, mit dem Schrumpfen einer bürgerlichen Gesellschaft
in Dresden zu verzeichnen sind.
Zu dieser Art Gesellschaft gehörte und sollte auch noch
heute ein gut entwickeltes Bildungswesen, sei es im
Schul- oder im Universitäts-, bzw. Akademiebereich
gehören. Dass Dresden eine »Stadt der Wissenschaft«
war und ist, musste also eigentlich nicht erst im 21. Jahrhundert »entdeckt« werden. Dass neben der für die
Zusammenhänge und Strukturen so wichtigen politischen Geschichte auch noch Platz für alltagsgeschicht-
liche Themen freigehalten wurde, ist vorbildlich. Ähnli-
ches gilt für die Berücksichtigung von Stadtentwicklung
und Architektur durch Jürgen Paul, Gilbert Lupfer oder
Matthias Lerm, bilden sich doch hier zuletzt an Gebäu-
den eines Ortes Identität und Heimatgefühl.
Hervorzuheben sind alle Beiträge, die sich mit dem Faktor
Wirtschaft in der Stadt befassen. Nicht leicht ist es gewiss,
von dem Mythos der reinen Kulturstadt Dresden abzurücken und die Kriegsrüstung, Zwangsarbeit und den staat-
lich angeordneten Massenmord in der NS-Zeit offen zu
legen. Um so mehr überrascht es, dass im Beitrag von
Marina Lienert über Medizin und Gesundheitswesen in
der NS-Zeit der Eugeniker Fetscher, trotz belegbarer Äußerungen, zu einem vorurteilsfreien Antirassist mutiert, und
dass bei dem ansonsten so sorgfältig über das Kriegsende
arbeitenden Thomas Widra Fetscher immer noch der Dresden vor Kämpfen am 8. Mai 1945 retten wollende antifaschistische Widerständler bleibt. Aber dies sind für einen
Nichthistoriker bereits ganz unwichtige Details. Dass der
Forschungsstand frühere Erkenntnisse schnell und beständig überholt, ist eine Tatsache.

Insgesamt muss über diesen Band gesagt werden, dass er für die Spezialisten, für die Historiker, hoch interessante, neue Erkenntnisse bringt. Den Bewohner Dresdens bzw. den die Stadt Dresden liebenden Leser versorgt der Band mit einer Fülle Einsichten und Details zur packenden Geschichte einer Stadt, deren Geschichte für Städte dieser Größe in Deutschland und Europa typische aber eben auch atypische Züge trägt. Der Redakteur Uwe John hat auch mit diesem Band seine vorbildliche Arbeit unterstrichen.

Reiner Pommerin

Mike Schmeitzner/ Andreas Wagner (Hg.)
**Von Macht und Ohnmacht. Sächsische Minister-
präsidenten im Zeitalter der Extreme 1919–1952**
Sax-Verlag, Beucha 2006
408 Seiten, zahlreiche SW-Abbildungen, 30 €

Das Ende der Monarchien im Deutschen Kaiserreich und im Königreich Sachsen nach der siegreichen Novemberrevolution 1918 bedeutete einen historischen Bruch in der Geschichte. Zu Fall kam im Machtzentrum des wettischen Herrschaftsgebietes die aus dem Jahr 1831 stammende halbabsolutistische Verfassungswirklichkeit: Ein König bestimmte die politischen Richtlinien, leitete ein Gesamtministerium mit den von ihm ernannten Ministern und war wie diese weder dem königlich-sächsischen Landtag rechenschaftspflichtig noch parlamentarisch absetzbar. Nach der Abdankung des letzten Königs amtierten zwischen 1919 und 1952 im Freistaat, Gau und Land Sachsen elf Ministerpräsidenten. Gut nur ein Drittel waren gebürtige »Landeskinder«.

Treffend betitelten die Herausgeber Mike Schmeitzner und Andreas Wagner den Sammelband »Von Macht und Ohnmacht«, in dem insgesamt fünf Autoren biographische Skizzen über die Lebenswege und das politische Agieren der Ministerpräsidenten referieren. Allein durch die verschiedenen Handschriften wirken die Portraits kurzweilig. Hervorragend zeichnen die Autoren das jeweilige innenpolitische Zeitkolorit nach, dokumentieren das jeweilige Verhältnis zur Reichsregierung und reißen prägnant politische Standorte der um die Wählergunst buhlenden Parteien an. Im Mittelpunkt des Einführungskapitels stehen die Ministerpräsidenten, deren Politik zwischen Anspruch und Wirklichkeit, und die Staatskanzlei als Machtzentrale. Den ausgewogenen Band runden im Anhang die Veröffentlichung von Kabinettsaufstellungen und Landtagswahlergebnissen ab. Mit der Verabschiedung der Reichsverfassung im August 1919 verlor Sachsen die bislang gewährten Rechte auf auswärtigem und militärischem Gebiet. Eigene Interessen konnte der Freistaat im neu geschaffenen Reichsrat wahrnehmen, der neben dem Reichstag als zweite Legislative fungierte und faktisch die Nachfolge des (kaiserlichen) Bundesrates angetreten hatte.

Außer Martin Mutschmann und Max Seydewitz sind die meisten Ministerpräsidenten aus dem öffentlichen Bewusstsein gewichen. Deren Amtszeit war vergleichsweise kurz bemessen. Nur der aus Potsdam gebürtige SPD-Politiker Max Heldt (1872 bis 1933) konnte auf eine mehr als fünf Jahre währende Ministerpräsidentschaft zwischen Währungsstabilisation und Ausbruch der Weltwirtschaftskrise in der Weimarer Republik zurückblicken. Gleichzeitig mit dessen Amtsantritt brachen die im verborgenen schwelenden Gegensätze (Bündnispolitik nach links oder Öffnung zu den bürgerlichen Mittelpartein) in der sächsischen SPD offen aus. Seine Koalitionspolitik begünstigte die »Agonie des parlamentarischen Systems« und bedeutete das Ende der »roten Hochburg« Sachsen. »Heldts Lebensweg und Vorstellungswelt erinnern an Sozialdemokraten jener Zeit, die ein Talent zu tüchtigen Schatzmeistern und pragmatischen Verwaltern besaßen. Womöglich ist sein Verzicht auf Ausübung der ihm verfassungsmäßig zustehenden Richtlinienkompetenz als Ministerpräsident geradezu die Voraussetzung für die vergleichsweise lange Regierungszeit gewesen.« Wie wir wissen, wichen (schrittweise) die verfassungstreuen Demokraten der Weimarer Republik den Wegbereitern eines diktatorischen Zentralismus und Verfechtern ihrer Weltanschauungspartei.

Uwe Ullrich

Gerald Heres
Dresdener Kunstsammlungen im 18. Jahrhundert
E. A. Seemann Verlag Leipzig, 2. Auflage 2006
232 Seiten mit 165 (44 farbigen) Abb., 34,90 €

Seit einigen Monaten liegt die zweite Auflage der von Gerald Heres 1988 verfassten Geschichte der Dresdner Kunstsammlungen im 18. Jahrhundert vor. Es spricht für die hohe wissenschaftliche und stilistische Qualität des Buches, dass der Text unverändert geblieben ist. Lediglich die Ausstattung ist überarbeitet und die seit 1989 erschienenen Literatur ist ergänzt worden.

Wie bereits in der vergriffenen ersten Auflage, beeindruckt der komplexe Ansatz, mit dem Heres sich der rasanten Entwicklung der Dresdner kurfürstlichen Sammlungen im 18. Jahrhundert nähert. Denn genau darin bestand das Problem, das es zu lösen galt: Wie stellt man jenseits der inzwischen recht zahlreichen Einzeluntersuchungen die Sammlungsgeschichte insgesamt dar?

Die Antwort liegt in der Person des Verfassers selbst. Er ist nicht nur ein exzellenter Kenner der Sammlungsbestände und ihrer Geschichte, sondern auch der einschlägigen historischen Quellen, soweit sie den II. Weltkrieg überstanden haben, sowie der Geschichte der fürstlichen Repräsentationsbauten.

Entstanden ist eine Sozialgeschichte des fürstlichen Sammelns von im 18. Jahrhundert Sammlungswürdigem, nicht nur, aber vor allem von Kunst. Ausgehend vom fürstlichen Umgang mit dem Kunstwerk im weitesten Sinne wird gezeigt, wie sich die Verwaltung der Museen herausbildet und ausdifferenziert, wie ihr wichtige Funktionen zuwachsen im Herrschaftsalltag einer Fürstendynastie von europäischem Rang und wie die Sammlungen letztlich eingebunden werden in kurfürstlich-königliches Selbstverständnis und dessen Repräsentation. Dass dabei auch Details wie das Agieren umtriebiger Kunstagenten, wie die spektakuläre Erwerbung ganzer Konvolute auf dem europäischen Kunstmarkt nicht ausgespart bleiben, macht zu einem guten Teil den Wert des Buches aus.

All dies wird – in angemessener Kürze zwar nur, aber konsequent – rückgebunden auf die politik-, wirtschafts- und kulturhistorischen Rahmenbedingungen, in denen sich fürstliches Sammeln und (Re-)Präsentieren der Schätze in Dresden vollzog.

Die Hauptkapitel des Buches sind auf die fürstlichen Förderer und Gönner der Dresdner Sammlungen bezogen, solange es sie gab. Für das erste Drittel des 18. Jahrhunderts steht dafür August der Starke, der zwar weder die Sammlungen selbst begründete, noch ihre Öffnung für ein standesgemäßes Publikum erfand, der aber beides perfektionierte.

Das zweite Drittel des Jahrhunderts war eng mit August III. verbunden, dessen ausgeprägte Kennerschaft sich paarte mit der Bereitschaft, die wichtigsten Erwerbungen – vor allem für die Gemäldegalerie – mit einer Rasanz zu tätigen, die eine Staatsraison im preußisch-friderizianischen Sinne zum Glück weitgehend vermissen ließ. Er steht zudem für die Neugestaltung der Sammlungen im Zwinger und für ihre Bewahrung in den widrigen Zeiten des Krieges, aber auch für problematische Entwicklungen wie die konkurrierenden Sammlungsaktivitäten des Grafen Brühl.

Eine vergleichbar charismatische Fürstenpersönlichkeit fehlte den Jahren des Rétablissements und der Museumsreformen des späteren 18. Jahrhunderts. Das Verdienst Friedrich Christians, Xavers und schließlich Friedrich Augusts III. bestand denn auch eher darin, professionelle Fachleute der Verwaltung im Museumswesen agieren zu lassen und dabei zu unterstützen. Diese Phase war auch geprägt durch eine zunehmende Emanzipation der Museumsverwaltung von ihren fürstlichen Gönnern.

Mit einer kurzen Darstellung der Besucher der Dresdner Sammlungen im 18. Jahrhundert auf der Grundlage der drei überlieferten Besucherlisten (die hier ediert sind) endet das Buch nach drei beeindruckenden Kapiteln ziemlich unvermittelt, sozusagen in der Schwebe. Das hat einen guten Grund. Denn dem Vernehmen nach arbeitet Gerald Heres derzeit an einer Fortsetzung seiner Untersuchung für das 19. Jahrhundert. Angesichts dessen ist dieser unvermittelte Abschluss des vorliegenden Bandes eine elegante Lösung, um den Leser neugierig zu machen auf die Fortsetzung. Man darf also gespannt sein.

Thomas Rudert

Gesamtverzeichnis Dresdner Hefte

Dresdner Hefte 51
**Gartenstadt Hellerau –
Der Alltag einer Utopie**

ist in veränderter Auflage seit
März 2007 wieder verfügbar.
Darin neue Texte zur aktuellen
Situation der Deutschen Werk-
stätten, des Bürgerschaftsvereins
und des Europäischen Zentrums
der Künste

* vergriffen.
Die Hefte 1 bis 25 sind als Kopie
über die Redaktion erhältlich.
Preis 5 €

Autorenverzeichnis

Rüdiger Berk/Kerstin Kraege
Naturfreundejugend Sachsen
Schützengasse 18, 01067 Dresden

Dr. Nora Goldenbogen/Dr. Gunda Ulbricht
HATiKVA
Pulsnitzer Str. 10, 01099 Dresden

PD Dr. Gerhard Lindemann
Hannah-Arendt-Institut für Totalitarismus-
forschung e.V. an der TU Dresden
01062 Dresden

Alexander Konrad Müller
Obere Bergstraße 86, 01445 Radebeul

Andreas Peschel
Institut für Sächsische Geschichte und Volkskunde e.V.
Zellescher Weg 17, 01069 Dresden

Dr. Mike Schmeitzner
Hannah-Arendt-Institut für Totalitarismus-
forschung e.V. an der TU Dresden
01062 Dresden

Dr. Carsten Schmidt
Weinbergstr. 8, 01129 Dresden

Christiane Schmitt-Teichert
TU Dresden, Philosophische Fakultät
Institut für Geschichte
01062 Dresden

Dr. Ellen Ueberschär
Generalsekretärin des Deutschen
Evangelischen Kirchentages
Magdeburger Str. 59, 36037 Fulda

Dr. Justus H. Ulbricht
Reichardtsteig 1, 07742 Jena

Quellen

Fotonachweis
Archiv der dt. Jugendbewegung Burg Ludwigstein 9
Archiv der Stiftung Sächsische Gedenkstätten (Arbeits-
kreis Gedenkbuch) 75, 76
Archiv Siegfried Ewert, Dresden 99, 101
Bundesarchiv Berlin 59
Sächsische Landesbibliothek – Staats- und Universitäts-
bibliothek Dresden, Abt. Deutsche Fotothek 53, 79, 81,
83, 90, 91, Titelbild

Bei fehlenden Quellenangaben liegen die Rechte
bei den Autoren.

Titelbild:
Ein Klampfespieler vom Wandervogel am Elbufer
bei Meißen, um 1926

Foto Rückseite:
Bündische Jugend – »Tatgemeinschaft Sachsen«
in Holzerzunft, 1925

Impressum

Herausgeber:
Dresdner Geschichtsverein e.V.
Wilsdruffer Straße 2, 01067 Dresden
Telefon und Fax (03 51) 495 60 74
info@dresdner-hefte.de,
www.dresdner-hefte.de

Redaktionelle Mitarbeit:
Helga Wehner,
Siegfried Blütchen (ehrenamtlich)

Redaktionsbeirat:
Prof. Dr. Matthias Herrmann, Prof. Dr. Günter
Jäckel, Prof. Dr. Hans John, Prof. Dr. Harald Marx,
Prof. Dr. Winfried Müller, Hans Jürgen Sarfert,
Prof. Dr. Jürgen Paul, Dr. Mike Schmeitzner

Redaktionsschluss:
15. Mai 2007

Bezug:
Abonnements sind bei der Redaktion anzumel-
den. Direktbezug im Dresdner Buchhandel und
über das Internet.

Herstellung:
Michel Sandstein, Grafischer Betrieb und
Verlagsgesellschaft mbH, Dresden

Die DRESDNER HEFTE erscheinen quartalsweise.
Sie werden unterstützt vom Kulturamt der Landeshauptstadt Dresden.